Marcel Hager

MANN, UNRASIERT.

Wild, echt und berufen

SCM

R.Brockhaus

SCM

Stiftung Christliche Medien

Der SCM Verlag ist eine Gesellschaft der Stiftung Christliche Medien, einer gemeinnützigen Stiftung, die sich für die Förderung und Verbreitung christlicher Bücher, Zeitschriften, Filme und Musik einsetzt.

Internet: www.scm-brockhaus.de; E-Mail: info@scm-verlag.de

Soweit nicht anders angegeben, sind die Bibelverse folgender Ausgabe entnommen:

Umschlaggestaltung: Kathrin Spiegelberg, Weil im Schönbuch
Titelbild: shutterstock.com
Satz: Burkhard Lieverkus, Wuppertal | www.lieverkus.de
Druck und Bindung: Finidr s.r.o.
Gedruckt in Tschechien
ISBN 978-3-417-26789-1
Bestell-Nr. 226.789

INHALTS-VERZEICHNIS

VORWORT

Marcel Hager hat mit »Mann, unrasiert. Wild, echt und berufen« ein Buch geschrieben, das den Mann im Kern trifft. Durch alle Kapitel sehe ich Marcel, wie er ist: mutig, wild in seinem Herzen, aber vor allem echt und mit einer starken Berufung. Es begeistert ihn, Männern zu zeigen, wie sie zu ihrer Gottesebenbildlichkeit zurückfinden können, und sie in eine lebendige Beziehung zu Gott zu führen.

Männer sind stark. Leider missbrauchen wir unsere Stärke sehr oft, um Gutes zu zerstören. Wir zetteln Kriege an, sind selbstzentriert und auf Macht aus. Viele Probleme der Welt entstehen durch uns. Wenn wir aber eine geheilte Beziehung zu Gott, zur Familie und zur Gemeinde haben, dann kann die Welt wiederhergestellt werden. Und dieses Buch zeigt den Weg dazu. Es geht um Leistung, bestimmt, aber nicht ohne Identität. Es geht um Stärke, aber nicht ohne Liebe. Dieses Buch ist herausfordernd und aufbauend. Lese es und lebe es. Sei echt. Sei unrasiert.

Henk Stoorvogel, Gründer der Männerbewegung »Der 4te Musketier International«, Pastor und Autor u.a. von »Der 4te Musketier. Leben für den König«

EINLEITUNG

Vor nicht allzu langer Zeit war ich gemeinsam mit meinem Team als Aussteller auf einer großen Hochzeitsmesse. Ziel war es, zukünftige Ehepaare für unseren neusten Geschäftszweig *outdoor-wedding* zu begeistern. Wir hofften, damit eine Marktlücke entdeckt zu haben: Hochzeiten im Freien für verrückte und abenteuerlustige Paare, mit einer Zeremonie im Wald, einem Festmahl in einem Kornfeld und einer Ehevorbereitung durch eine Gipfelbesteigung. Das Ehecoaching in der freien Natur lag mir dabei besonders am Herzen.

Durch meine Tätigkeit als Erlebniscoach des Unternehmens »From Survive to Life« und der christlichen Männerbewegung »Der 4te Musketier« durfte ich schon oft erleben, wie Menschen, die sich der Wildnis preisgeben, über sich hinauswachsen, echt und ehrlich werden – also genau das, was ein Mann und eine Frau benötigen, bevor sie als frisch vermähltes Paar ins Eheleben starten. Das dachte ich zumindest.

Auf der Hochzeitsmesse mussten wir allerdings feststellen, dass die meisten Heiratswilligen nicht gerade auf dieses Angebot gewartet hatten. Das Ehecoaching stieß auf wenig Begeisterung. Die potenziellen Bräute suchten auf der Messe in erster Linie nach Inspirationen für die perfekte Zeremonie oder das perfekte Hochzeitskleid.

Die Männer schienen vor allem hier zu sein, weil sie ihrer Freundin oder Verlobten einen Gefallen tun wollten oder dazu genötigt worden waren: Wie Sherpas trugen sie die Papiertüten mit den zahllosen Werbeartikeln oder stießen emotionslos den bereits vorhandenen Kinderwagen vor sich her. Nur wenn sie an unserem Stand vorbeikamen und das Angebot *Ehe-Coaching* bemerkten, wurden ihre Reaktionen in den meisten Fällen sehr emotional. Einige lachten uns laut aus, während andere abschätzige Kommentare machten oder sogar beleidigend wurden. Zuerst waren wir schockiert.

Nach einiger Zeit begannen wir, den Männern Fragen zu ihren gefühlsgeladenen Reaktionen zu stellen. Die Antwort war jedes Mal dieselbe:

»Wir sind unser eigener Coach!«

»Wir benötigen ganz sicher keine Hilfe!«

»Wir sind Männer!«

Unser Angebot hatte die Maskulinität der zukünftigen Bräutigame offensichtlich in ihrem Stolz verletzt.

Doch auch wenn sie es öffentlich selten zugeben: Viele Männer denken insgeheim zu klein von sich. Das liegt meistens daran, dass sie gar nicht wissen, wer sie sind, welche Fähigkeiten sie besitzen und was sie damit alles tun könnten.

Sich diese Fragen zu stellen ist jedoch zentral, wenn wir uns unserer Bedeutung und Berufung als Männer bewusst werden wollen. Nach meiner Erfahrung als Coach und ehemaliger Pastor möchten sich Männer mit diesen Fragen allerdings nicht mit einer Tasse Tee auf einem bequemen Sofa auseinandersetzen.

Vergangenen Herbst war ich mit einem Ehepaar zum Coaching auf einer Bergtour. Der Mann war von seiner Frau dazu überredet worden, auf dieser Tour einen Blick auf das eigene Leben und ihre gemeinsame Beziehung zu wagen. Im Vorfeld bat ich die beiden, sich zwischen einer schweren, einer mittleren und einer leichten Route zu entscheiden. Beide trafen dieselbe Wahl: Sie wollten die Route mit den größten Herausforderungen in Angriff nehmen.

Viele Männer denken insgeheim zu klein von sich.

Also machten wir uns im roten Licht der Morgendämmerung auf, den steilen Berggipfel zu bezwingen. Anfänglich stiegen wir ziemlich zügig die Bergflanken hoch. Das Paar war motiviert, gut gelaunt und wir führten sehr gute Gespräche. Doch je steiler und beschwerlicher das Gelände wurde, desto ruhiger und vorsichtiger wurde die Frau.

Schließlich überkam sie die Höhenangst. Ihre Sinne waren gelähmt. Sie setzte sich auf einen Stein und wollte keinen Schritt mehr weitergehen. Erfolglos versuchte ihr Mann, ihr gut zuzusprechen und ihr ihre Ängste zu nehmen. Doch sie wollte sich nicht beruhigen. Sie gab ihm die Schuld, dass sie sich auf diesem schmalen Berggrat befand und links und rechts von ihr die Geröllhalden steil abfielen. Sie machte ihm Vorwürfe. Tränen rollten.

Ich fragte mich in der Zwischenzeit, wie ich die Frau sicher wieder von diesem Berg hinunterbringen sollte. Schließlich brach ich die Tour ab und half der Frau gemeinsam mit ihrem Ehemann, Schritt für Schritt zurück auf sicheres Gelände zu gelangen.

Als die Gemüter wieder abgekühlt waren und wir etwas gegessen hatten, werteten wir das Erlebte aus. Dazu waren gar keine vielen Worte notwendig. Die Bergtour hatte ein langjähriges Muster in der Beziehung der beiden offenbart: Er kannte ihre Ängste, ignorierte diese aber und überzeugte sie stattdessen, ihre Grenzen zu überschreiten. Sie dagegen konnte ihre Bedürfnisse nicht klar kommunizieren und war unfähig, für sich selbst einzustehen. Er überging sie, sie schwieg.

Durch Erlebnisse in der freien Natur werden häufig verborgene Lebensstile offenbar. Die Natur ist herausfordernd, eindrücklich und lehrreich. Dem tobenden Sturm, peitschenden Regen, Schnee oder der sengenden Hitze ausgeliefert, weit weg von der Zivilisation und nur mit dem Nötigsten im Rucksack, kann man sich nicht länger hinter einer Maske verbergen. Man wird echt. Eigene Ängste oder fehlgeleitete Ziele kommen durch die Konfrontationen mit den Naturgewalten ans Licht. Das ist notwendig, wenn wir offen und ehrlich einen Blick auf unser eigenes Leben und unseren Glauben an Gott wagen möchten:

Was glaube ich über mich?
Was glaube ich über Gott?
Weiß ich, wer ich bin?
Kenne ich meine Stärken?
Kenne ich meine Grenzen?
Für was und wen setze ich meine Potenziale ein?

Du musst wissen, wer du bist, was du hast und was du damit tun kannst. Denn du bist bedeutend – und du bist berufen!

Dieses Buch soll dich ermutigen, deinen Glauben an Gott und dich selbst zu überdenken und wenn nötig zu erneuern. Jesus sagt in der Bibel: »Dir geschehe nach deinem Glauben« (Markus 11,23-24). Was du über Gott und dich selbst glaubst, ist für dein Leben von zentralem Stellenwert.

Island – nach erfolgreicher Überquerung des Passes Fimmvörðuháls (Foto: Benni Wolf)

Als Männer müssen wir uns darüber hinaus eingestehen, dass wir unfertig sind – dass wir uns auf einem Weg befinden. Diesen Weg in Angriff zu nehmen erfordert Mut.

Mein Name ist Marcel. Ich erlaube mir, dich in diesem Buch mit »Du« anzusprechen. Gemeinsam werden wir in die Tiefen unserer Gedanken und an die abgelegensten Orte unserer Herzen vorstoßen. Unrasiert, echt und offen werde ich dir viel über meinen eigenen Weg und den wilden Kampf auf meiner eigenen Suche nach meiner Bedeutung und Berufung erzählen. Ich werde dich an vielen Lebensgeschichten von mir und zahlreicher meiner Weggefährten teilhaben lassen. Ich wünsche dir, dass du innere Berge bezwingen wirst und dass deine Männlichkeit an Stärke zunimmt, indem du dir deiner Bedeutung und Berufung bewusst wirst.

Ich freue mich auf diesen gemeinsamen Wegabschnitt.

1. BEDEUTEND UND BERUFEN

Ich bin bedeutend.
Und ich bin berufen.

Diese beiden essenziellen Wahrheiten machen unser Leben aus und verleihen uns Stärke. Genauso wichtig, wie diese Wahrheiten zu kennen, ist es aber auch, sich über ihre Reihenfolge im Klaren zu sein:

Zuerst kommt die Bedeutung, dann die Berufung.

Unsere Bedeutung beeinflusst unsere Berufung. Je mehr wir um unsere Bedeutung wissen, desto besser können wir unsere Berufung leben.

Die Bedeutung ist also der Anfang, nicht das Ziel. Mit anderen Worten ausgedrückt meint *Ich bin bedeutend, und ich bin berufen* Folgendes:

Ich **bin** und ich **tue**.
Ich bin **geliebt**, und ich bin **beauftragt**.
Ich bin **wertvoll**, und ich bin **aktiv**.

Oft vertauschen wir diese Reihenfolge jedoch. Wir missbrauchen unsere Fähigkeiten, Talente und Leidenschaften dazu, unsere eigene Bedeutung zu finden. Das geschieht zum einen, weil wir es einfach nicht besser wissen, zum anderen aber auch deshalb, weil das, was wir über uns selbst glauben, auf verzerrten Annahmen beruht.

Anstatt nach dem Grundsatz *Ich bin und ich tue* zu leben, entscheiden wir uns häufig für das Motto: *Ich bin, was ich tue*. So lautet selbst die Parole von Reinhold Messner, dem berühmten Extrembergsteiger und Antarktis-Durchquerer. Damit ist er weder der Erste noch der Einzige.

Viele Männer definieren sich über ihre Leistung. Sie möchten etwas bewegen, erfolgreich sein, Resultate erzielen, Lösungen finden, Rekorde brechen und Großes erschaffen. All diese Dinge sind an sich auch gut und göttlich. Ich liebe es, Dinge zu leisten, Ziele zu erreichen und neue Ideen zu verwirklichen. Wenn ich Risiken eingehe, mutig neue Ideen umsetze und aktiv bin, fühle ich mich gut und lebendig. Doch meine Bedeutung kann ich dadurch nicht erlangen.

Das Gegenteil ist der Fall: Missbrauche ich meine gottgegebenen Fähigkeiten, um meinen Wert zu sichern, macht mich das abhängig und unruhig. Schon oft habe ich diesen Irrweg eingeschlagen: Ich habe gearbeitet, um bestätigt zu werden, geliebt, um selbst geliebt zu werden, und etwas verschenkt, um selbst beschenkt zu werden. Das ist jedoch nicht nur anstrengend und kräftezehrend, ich verfehle dadurch auch das eigentliche Ziel meines Lebens.

Während zahlreiche Männer ihre Bedeutung im Tun suchen, leben andere allerdings auch in einer Art Vermeidungsstrategie und tun bestimmte Dinge absichtlich nicht, um dadurch nicht eine »falsche« Bedeutung auferlegt zu bekommen. Immer wieder bekomme ich im Coaching oder auf Touren Aussagen wie diese zu hören: »Ich öffne mich erst, wenn ich mich sicher fühle.« Oder: »Bei Entscheidungen, die ich selber treffe, habe ich keine Sicherheit. Daher überlasse ich Entscheidungen lieber anderen.«

Ein junger Mann, den ich auf einer Tour begleitete, vermied Erfolg zum Beispiel mit der Begründung, er dürfe sich keine Höhepunkte erarbeiten, da er ansonsten fürchtete, stolz zu werden. Ich fragte ihn, was er denn unter Stolz verstehe und was genau er vermeiden wolle. Im Verlauf des Gespräches wurde schließlich deutlich, dass er in Wahrheit Angst davor hatte, durch gute Leistungen zu große Erwartungen und Aufmerksamkeit auf sich zu ziehen, die er nicht erfüllen konnte. Er verknüpfte Erfolg mit seiner Angst vor dem Scheitern. Daher war es ihm lieber, gar nicht erst erfolgreich zu sein, als die Möglichkeit zuzulassen, einen Fehlschlag zu erleiden.

Doch egal, ob wir etwas tun oder etwas zu vermeiden versuchen, unser Verhalten ist immer an die eine große Frage gekoppelt:

Wer bin ich?

Solange diese Frage ungeklärt ist, bleiben wir abhängig von dem, was unsere Mitmenschen von uns denken könnten. Diese Abhängigkeit macht uns zu Gefangenen, zu Marionetten unserer Umgebung.

Wenn wir aber unsere eigene Bedeutung entdecken und annehmen, können wir uns aus dieser falschen Abhängigkeit lösen. Dann werden wir frei von Erwartung und Leistung.

Aber beginnen wir doch zuerst einmal dort, wo alles begann: am Anfang.

Der Anfang: Von Gott gesegnet und beauftragt

Am Anfang schuf Gott (...)

1. Mose 1,1

Über diese vier Worte kann man ein ganzes Leben lang nachdenken. Wir sind und leben ganz allein durch Gott.

Am Anfang war die Erde wüst und leer, und es herrschte Finsternis (1. Mose 1,2). Dann brachte Gott jedoch Licht in die Dunkelheit, teilte das Wasser vom Land und ließ den Boden fruchtbar werden. Er schuf Pflanzen, die Früchte tragen, formte die Fische im Wasser, die Vögel in der Luft und die Tiere am Boden. Zum Schluss schuf Gott den Menschen. Die ganze Schöpfung kann also als eine Steigerung betrachtet werden, als dessen Finale Gott den Menschen gestaltete. Doch wie tat er das?

So schuf Gott den Menschen als sein **Ebenbild.**

1. Mose 1,27 (HFA)

Dieser Vers überwältigt mich. Er besagt, dass wir Gottes Wesen ähnlich sind – wir sind sein Ebenbild. Das Geheimnis unserer Bedeutung und die Frage nach unserer Identität liegen folglich im Original, also in Gott selbst verborgen. Doch damit, uns nach seinem Ebenbild zu schaffen, war Gott noch nicht fertig. Er hatte noch mehr mit uns vor:

Er **segnete** sie und gab ihnen den **Auftrag**: »Seid fruchtbar und vermehrt euch, bevölkert die Erde und nehmt sie in Besitz. Herrscht über die Fische im Meer, die Vögel in der Luft und über alle Tiere auf der Erde.«

1. Mose 1,28

Die Reihenfolge dieser Aussagen ist von zentraler Bedeutung:

1. Wir sind Gottes Ebenbild.
2. Wir sind mit Fähigkeiten und Talenten gesegnet.
3. Wir sind mit einer sinnvollen Aufgabe beauftragt.

Zuerst schuf Gott die Menschen nach seinem Bild. Er gab ihnen eine Bedeutung und schenkte ihnen eine Persönlichkeit. Danach segnete er sie mit Talenten und Fähigkeiten. Und erst dann erteilte er ihnen einen Auftrag.

Ist das nicht ein wunderschöner Beginn unserer Geschichte? Zuerst entsteht das Leben, danach folgt eine Aufgabe. Wir sind geliebt – und wir sind beauftragt. Unsere Bedeutung ist in Gott, und unsere Berufung kommt von Gott.

Unser Tun ist also abhängig von unserem Wert, nicht andersherum. Es ist also von entscheidender Bedeutung, dass wir unseren Wert kennen, bevor wir unserem Ruf folgen.

Dieses Prinzip zeigt sich auch im Leben der Jünger von Jesus: Drei Jahre verbrachte Jesus Zeit mit seinen Jüngern. Sie waren dabei, als er auf dem Wasser lief, als er Menschen heilte und Wasser in Wein verwandelte. Die Jünger erlebten, wie Jesus ans Kreuz genagelt wurde und drei Tage später wiederauferstand, um neues Leben zu bringen. Vor ihren Augen stellte Jesus die Welt auf den Kopf.

Unser Tun ist abhängig von unserem Wert, nicht andersherum.

Doch am Ende beauftragte er sie, es ihm gleichzutun: »Darum geht zu allen Völkern und macht sie zu Jüngern. Tauft sie im Namen des Vaters, des Sohnes und des Heiligen Geistes (...)« (Matthäus 28,19). Bevor die Jünger zur Tat schritten, erhielten sie allerdings noch eine weitere Ermahnung von Jesus:

> »Bleibt hier in Jerusalem, bis der Vater euch sendet, was er versprochen hat. Erinnert euch: Ich habe schon mit euch darüber geredet. Johannes hat mit Wasser getauft, doch schon in wenigen Tagen werdet ihr mit dem Heiligen Geist getauft werden.«
>
> Apostelgeschichte 1,4-5

Ehe Jesus die Jünger mit dem Auftrag losschickte, es ihm gleichzutun, wies er sie an zu warten, bis sie mit dem Heiligen Geist erfüllt wurden.

Gott bereitete sie vor, damit sie für das bevorstehende Abenteuer gut ausgerüstet waren.

Keine Reise ohne die richtige Vorbereitung

Vor jeder Tour – egal, ob es sich dabei um ein Charakterwochenende im Schottischen Hochland oder ein Coaching-Trekking in Grönland, Lappland oder Sardinien handelt – treffen wir uns mit den Teilnehmern, um uns gemeinsam auf das Abenteuer vorzubereiten.

Am besten ist eine Gruppenaktivität geeignet. Die Männer, die sich für ein Charakterwochenende angemeldet haben, schicken wir beispielsweise in Zehnergruppen auf eine kurze Wanderung. Ihre Aufgabe ist, mithilfe eines GPS-Geräts, auf dem lediglich bestimmte Wegpunkte eingespeichert sind, den richtigen Pfad auf einen Bergrücken zu finden. Dieser kurze Aufstieg und die Suche nach dem Weg offenbaren für gewöhnlich bereits viel sowohl über die Fitness als auch über die Charakterzüge der einzelnen Teilnehmer.

Neben den persönlichen Eigenschaften der Teilnehmer ist für eine Tour durch die Wildnis jedoch vor allem die Ausrüstung wichtig. Wir nehmen uns deshalb im Vorfeld immer genug Zeit, um die Rucksäcke und die Kleidung der Männer unter die Lupe zu nehmen. Entscheidend ist neben dem Gesamtgewicht in erster Linie, dass die Ausrüstung vollständig ist und das Richtige beinhaltet. Unnötige und unbrauchbare Gegenstände werden aus den Rucksäcken entfernt und fehlende Gegenstände müssen besorgt werden.

Welche Ausrüstung von Fall zu Fall benötigt wird, entscheidet immer das Ziel. Die Ausstattung muss mit den Bedingungen und Anforderungen der Reise kompatibel sein. Führt uns eine Tour nach Lappland, benötigen wir nicht dieselbe Kleidung wie an der sardischen Steilküste. Und auf einer Bergtour wären wir mit einer Ausrüstung für eine Wildwasser-Tour ebenfalls schlecht bedient.

Für eine Expedition in der Wildnis sind also drei Bereiche wichtig: die persönliche Konstitution, die Ausrüstung und das Ziel. Diese drei Dinge stellen uns im übertragenen Sinne auch vor drei wichtige Fragen, wenn wir uns mit unserer Männlichkeit auseinandersetzen:

Wer bin ich?
Was habe ich?
Wo will ich hin?

Anders ausgedrückt, könnten die Fragen auch folgendermaßen lauten:

> Wie sieht mich Gott, und welche Bedeutung
> habe ich in seinen Augen?
> Welche Ausrüstung hat er mir gegeben?
> Welchen Auftrag habe ich?

Die Antworten auf diese Fragen zu finden gehört zu den wichtigsten Aufträgen in unserem Leben. Entscheidend dafür ist, dass wir uns zuallererst damit auseinandersetzen, welche Bedeutung wir in den Augen Gottes haben. Denn je mehr wir wissen, wer wir sind und wie Gott uns sieht, desto mehr können wir unsere Berufung voll und ganz entfalten.

Zuerst kommt das Leben. Dann erst kommt der Auftrag.

2. WIE DER MENSCH SEINE BEDEUTUNG VERLOR

Adam und Eva waren bedeutend in den Augen Gottes. Sie waren von ihm reich gesegnet worden und hatten eine wunderbare Aufgabe bekommen. Doch dieser Zustand sollte nicht dauerhaft sein. Es beginnt damit, dass Gott den Menschen eine einfache Beschränkung auferlegte:

> Gott, der Herr, brachte den Menschen in den Garten Eden. Er sollte ihn bebauen und bewahren. Er befahl dem Menschen jedoch: »Du darfst jede beliebige Frucht im Garten essen, abgesehen von den Früchten vom Baum der Erkenntnis des Guten und Bösen. Wenn du die Früchte von diesem Baum isst, musst du auf jeden Fall sterben.«
>
> 1. Mose 2,15-17

Dieses Verbot entfachte in Adam und Eva ein Misstrauen, das gleich darauf auch noch durch eine dritte Partei geschürt wurde:

Die Schlange war das listigste von allen Tieren, die Gott, der Herr, erschaffen hatte. »Hat Gott wirklich gesagt«, fragte sie die Frau, »dass ihr keine Früchte von den Bäumen des Gartens essen dürft?«

1. Mose 3,1

Das Ziel der Schlange war jedoch der Tod. Adam und Eva sollten die Früchte des Baumes der Erkenntnis essen, damit sie sterben müssen. Die Schlange wollte, dass die Menschen ihre enge Beziehung zu Gott und damit ihre Bedeutung verlieren. Aus diesem Grund verführte sie Adam und Eva mit einer List:

»Ihr werdet nicht sterben!«, zischte die Schlange. »Gott weiß, dass eure Augen geöffnet werden, wenn ihr davon esst. Ihr werdet sein wie Gott und das Gute vom Bösen unterscheiden können.«

1. Mose 3,4-5

Die Schlange ließ Adam und Eva glauben, dass das Essen der Frucht sie wie Gott machen würde und dass Gott ihnen daher etwas vorenthalten würde. Die Menschen vertrauten der Schlange und kosteten von der Frucht des verbotenen Baumes.

Doch sie wurden dadurch nicht wie Gott. Im Gegenteil, sie wurden von Gott getrennt und verloren ihre wahre Bestimmung. Wie von Gott vorhergesagt, starben sie einen seelischen, geistlichen und ewigen Tod, indem sie die Gemeinschaft mit Gott verloren.

Dabei hatte Gott den Baum mit den verbotenen Früchten nicht in den Garten gepflanzt, um die Menschen zu Fall zu bringen, sondern um ihnen die Möglichkeit zu geben, sie selbst zu sein, das heißt, frei zu wählen. Denn ohne eigenen Willen und eigene Verantwortung kann es keine echte Beziehung und kein echtes Leben geben. Doch weil die Menschen dieses Leben außerhalb der Beziehung mit Gott suchten, trennten sie sich von Gott.

Adam und Eva heute

Die Geschichte von Adam und Eva ist auch unsere Geschichte. Auch wir entscheiden uns immer wieder, unseren eigenen Weg zu gehen, und verlieren dadurch unsere wahre Bestimmung aus dem Blick.

> In diesem Augenblick wurden den beiden die Augen geöffnet und sie bemerkten auf einmal, dass sie nackt waren. Deshalb flochten sie Feigenblätter zusammen und machten sich Lendenschurze.
>
> 1. Mose 3,7

Seit diesem Verlust haben wir ein ungestilltes Verlangen danach, an den Ort der tiefen Gemeinschaft mit Gott zurückzukehren, an dem wir nackt, ehrlich, selbstbewusst und frei waren. Der sichere Garten ist uns abhandengekommen, weil wir Gott misstrauten und unsere Sehnsucht nach Leben der eigenen Regie statt der göttlichen unterstellten. Das Vertrauen, die Intimität und die Beziehung mit Gott wurden durch die Sünde verraten und zerbrochen.

> Als es am Abend kühl wurde, hörten sie Gott, den Herrn, im Garten umhergehen. Da versteckten sie sich zwischen den Bäumen.
>
> 1. Mose 3,8

Die Bibel beschreibt hier eine traurige und gleichzeitig äußerst liebevolle Szene. Ab dem Moment, da wir unseren eigenen Weg gehen, verstecken wir uns vor Gott, weil wir in unserem Innersten wissen, dass wir nicht mehr die sind, die wir eigentlich sein sollten. Doch Gott sucht nach den Menschen. Er rief nach Adam: »Wo bist du?« Dieser antwortete: »Als ich deine Schritte im Garten hörte, habe ich mich versteckt. Ich hatte Angst, weil ich nackt bin« (1. Mose 3,9-10).

Adam und Eva hatten ihre Identität verloren und mussten Feigenblätter nehmen, um ihre eigene existenzielle Nacktheit zu verbergen. Genauso suchen auch wir uns heute noch Feigenblätter, mit denen wir unsere Blöße überdecken können, damit unsere Defizite von niemandem entdeckt werden. Wir versuchen, mit unseren Talenten und Gaben Großartiges zu erreichen, und hoffen, dass andere dadurch in uns etwas sehen, an dem wir selbst zweifeln.

Seitdem wir das Paradies verlassen mussten, sind wir als Einzelkämpfer auf der Suche nach Zugehörigkeit, Bedeutung, Identität, Sicherheit und Geborgenheit. Das Leben außerhalb des prächtigen Gartens ist für uns inzwischen zur Gewohnheit geworden. Wir haben uns mit unserem Zustand abgefunden und uns damit arrangiert. Aber manchmal spüren wir es noch: ein inneres Drängen, ein ungestilltes Bedürfnis nach Bedeutung, das wir seit Urzeiten mit allen Mitteln zu füllen versuchen.

Begegnung in der Natur

Der Grund, weshalb wir mit unseren Gruppen, Teams und Einzelpersonen physische und psychische Grenzerfahrungen in der Wildnis suchen und uns ihnen stellen, ist das, was die Natur mit uns macht. Wenn wir tagelang dem anhaltenden Regen trotzen und durchnässt und unterkühlt weite Wegstrecken zurücklegen, wird unser »Schutzschild« aufgeweicht, bis sich unser wahrer Charakter zu erkennen gibt.

Muss ich meine letzte Schokolade teilen, obwohl ich hungrig bin, kommt womöglich meine Urangst zum Vorschein, zu kurz zu kommen. Und an einem Seil über einem tiefen Abgrund zu hängen, während ich darauf angewiesen bin, dass ein anderer Teilnehmer mich sichert, kann meine tiefe Angst offenbaren, das eigene Leben nicht kontrollieren zu können. Schon viele unserer Teilnehmer haben sich während der Durchquerung einer nicht enden wollenden Steinlandschaft – beladen mit einem schweren Rucksack – ihre Angst davor eingestehen müssen, es nicht zu schaffen – nicht nur auf der Tour, sondern in ihrem ganzen Leben.

Coaching-Tour auf dem Laugavegur in Island (Foto: Benni Wolf)

Die Wildnis offenbart, was in uns steckt. Sie deckt unsanft die Lügen auf, an die wir glauben, und offenbart unseren wahren Charakter. In der Natur können wir unser Innerstes nicht länger verstecken. Das Hier und Jetzt prallt in Form von Kälte, Wind oder Regen auf uns. Diesen Naturgewalten ausgesetzt und weit weg von unseren alltäglichen Aufgaben werden wir wieder geerdet. Der Blick auf unser eigenes Leben wird wieder klar und unsere Sinne werden geschärft.

So erging es auch mir auf meinem ersten Charakterwochenende mit »Der 4te Musketier«. Wir waren auf dem Weg durch das schroffe Hochland von Schottland. Ich entschied mich, vor dem offiziellen Start einen viertägigen Solo-Trip zu machen – nur ich, Gott und die Wildnis. Ich war zu dieser Zeit an einem Punkt in meinem Leben, an dem ich mir zahlreiche Fragen über mich, mein Leben und meinen Glauben stellte.

Während meiner sechsjährigen Tätigkeit als Pastor war mein Glaube zum Beruf geworden. Meine persönliche Beziehung mit Gott hatte dadurch an Leben verloren. In der Kirche hatte ich oft beobachtet, wie Menschen ihre »weltlichen« Feigenblätter gegen religiöse Feigenblätter eintauschten. Statt ihre Verkleidungen abzulegen, wechselten sie lediglich ihre Masken aus. Ich fühlte mich zunehmend wie auf einer Art christlichem Maskenball, auf dem ich fröhlich mittanzte. Meine Solotour sollte daher eine Standortbestimmung werden, bei der ich mich gleichzeitig meiner Angst vor dem Alleinsein stellen wollte.

Ich startete mein Abenteuer achtzig Kilometer westlich vom offiziellen Startpunkt unseres Charakterwochenendes. Ein öffentlicher Bus brachte mich zu einer abgelegenen Haltestelle. Von dort aus wanderte ich in der Abenddämmerung los. Nach einem kurzen Marsch schlug ich in der Dunkelheit zwischen Büschen und Sträuchern mein Nachtlager auf. Der Wind rüttelte gnadenlos sowohl an meinem Zelt als auch an meinen Nerven. Es dauerte nicht lange, bis mich die Angst vor dem Alleinsein überkam. Unruhig wälzte ich mich von der einen zur anderen Seite und schlief erst nach einigen unruhigen Stunden ein.

Am nächsten Morgen bestieg ich den ersten Bergrücken. Während ich beim Aufstieg noch heftigen Windböen trotzen musste, umhüllte mich auf dem schneebedeckten Hochplateau dichter Nebel. Ich verließ mich ganz auf meinen Orientierungssinn und wandte mich entschlossen Richtung Osten, um auf der anderen Seite die Schlucht hinunterzuklettern. Als ich am Boden der Schlucht ankam, merkte ich allerdings, dass ich nicht dort war, wo ich sein sollte. Nachdem ich meinen Stolz überwunden und meine Landkarte zur Orientierung hervorgeholt hatte, traf mich die harte Wahrheit: Ich befand mich nur unweit von meinem nächtlichen Lager entfernt – und es war bereits nach Mittag. Ich war auf der Hochebene im Kreis gewandert und auf der falschen Seite abgestiegen. Es blieb mir daher nichts anderes übrig, als denselben Pass zum zweiten Mal zu bezwingen.

Als ich schließlich todmüde abends in meinem Schlafsack lag und der Wind erneut an meinem Zelt rüttelte, kochten meine Emotionen über. Ich weinte. Alleine, einsam und völlig erschöpft schrie ich zu Gott. Wo war er?

Doch Gott hatte genau auf diesen Moment gewartet. In diesem Augenblick, als mein Herz weit offen war, begegnete er mir. Als ich alleine und verloren in meinem Zelt im schottischen Hochland lag und ich meinen ganzen Ballast abwarf, fand meine Seele Ruhe und Heilung.

Ein ähnliches Erlebnis hatte auch der Prophet Elia, der in der Regierungszeit König Ahabs in Israel lebte. Der König und seine Frau Isebel beteten Baal an und ließen die Propheten Yahwehs umbringen. Elia musste von Versteck zu Versteck fliehen, denn die Frau des Königs, Königin Isebel, verlangte auch seinen Tod, nachdem Gott durch ihn alle Baalspriester hatte umbringen lassen (1. Könige 18).

Schließlich fand er sich verzweifelt und niedergeschlagen in der Wüste wieder. Entmutigt setzte er sich unter einen Strauch und schrie zu Gott, er solle ihm sein Leben nehmen. Als er sich hinlegte und schlief, weckte ihn jedoch ein Engel auf und gab ihm zu trinken und zu essen. Danach wanderte Elia vierzig Tage und Nächte, bis er eine Höhle am Berg Horeb fand (der Name bedeutet übersetzt Verwüstung) und legte sich darin schlafen. Gott hatte Elia aber nicht nur zum Berg der Verwüstung geführt, sondern auch zur Verwüstung in seinem eigenen Herzen. Und genau dort begegnet er ihm:

»Was tust du hier, Elia?«

Gott fragt Elia zuerst nach seinem Tun.

»Elia antwortete: ›Ich habe dem Herrn, Gott, dem Allmächtigen, von ganzem Herzen gedient‹« (1. Könige 19,9-10).

Die Art und Weise, wie Elia antwortet, verrät viel über seine Herzenshaltung: Elia sieht sich selbst als einen Arbeiter *für* Gott statt in einer Beziehung und Gemeinschaft mit ihm.

> Da sprach der Herr zu ihm: »Geh hinaus und stell dich auf den Berg vor den Herrn, denn der Herr wird vorübergehen.« Zuerst kam ein heftiger Sturm, der die Berge teilte und die Felsen zerschlug, vor dem Herrn her. Doch der Herr war nicht im Sturm. Nach dem Sturm bebte die Erde, doch der Herr war nicht im Erdbeben. Und nach dem Erdbeben kam ein Feuer, doch der Herr war nicht im Feuer. Und nach dem Feuer ertönte ein leises Säuseln. Als Elia es hörte, zog er seinen Mantel vors Gesicht, ging nach draußen und stellte sich in den Eingang der Höhle. Eine Stimme sprach: »Was tust du hier, Elia?«
>
> 1. Könige 19,11-13

Gott bewegt Elia durch Wind, Erdbeben und Feuer dazu, aus seinem Versteck zu kommen. Er benutzt diese Elemente, um das Herz von Elia zu öffnen. Doch erst, als Elia das sanfte und stille Sausen, die aufbauenden Worte und die Liebe Gottes hört, ist er schließlich bereit, aus der Höhle zu kommen.

An diesem Berg der Verwüstung, vor der Höhle seiner Zweifel und inmitten seiner Identitätskrise, stärkt Gott Elia und segnet ihn. Gott begegnet Elia, stellt die Beziehung wieder her und gibt ihm einen neuen Auftrag. Elia brauchte die sanfte Stimme und die Liebe des Vaters, die ihm seine Kraft und seinen Wert zurückgaben.

Das ewige Versteckspiel: Gefangen zwischen Lust und Leistung

Gott sucht uns. Er geht umher und ruft uns bei unserem Namen. »Wo bist du?«, rief Gott zu Adam, als er ihn in seinem Versteck suchte. »Was tust du?«, fragte er Elia, als dieser gekränkt in seiner Höhle saß.

Natürlich weiß Gott, wo wir sind und was wir tun. Wir können uns nicht vor Gott verstecken. Gott stellt uns diese Fragen nicht, weil er die Antwort darauf nicht kennt, sondern damit wir uns mit unserer Situation und unserem Tun auseinandersetzen.

Adam antwortete auf das Rufen von Gott mit dem Eingeständnis, dass er Angst hat: »Als ich deine Schritte im Garten hörte, habe ich mich versteckt. Ich hatte Angst, weil ich nackt bin« (1. Mose 3,10). An dieser Stelle wird zum ersten Mal in der Bibel das Wort Angst verwendet.

Das Gift, das in der Frucht der Erkenntnis enthalten war, hatte seinen Blick weg von Gott und hin zu sich selbst gerichtet, sodass er nur noch seine eigene Nacktheit sah. Der Wunsch, wie Gott zu sein, ist die Wurzel des Baumes der Erkenntnis. Seine Frucht jedoch ist Angst. Es ist die Angst vor Ablehnung.

Ablehnung ist eine der schmerzlichsten Erfahrungen, die ein Mensch machen kann.

Wir wurden geschaffen, um mit Gott und den Menschen in einer tief verbundenen Gemeinschaft zu leben. Ablehnung ist deshalb eine der schmerzlichsten Erfahrungen, die ein Mensch machen kann. Da aber niemand mit diesem Schmerz dauerhaft leben kann, muss das Grundgefühl der Ablehnung auf andere Weise kompensiert werden.

Dr. Bruce Thompson beschreibt in »The Divine Plumbline« (deutsch: Die göttliche Richtschnur) zwei unterschiedliche Typen an Feigenblättern. Sie symbolisieren die beiden menschlichen Versuche, die schmerzliche Erfahrung von Ablehnung zu kontrollieren: Lust und Leistung.

Gefühls- oder beziehungsorientierte Menschen leben nach dem Lustprinzip: *Ich bin, was ich fühle.* Die Sehnsucht nach Liebe und Anerkennung treibt sie an. Auf Ablehnung reagieren sie, indem sie sich zurückziehen, um sich so vor weiteren Verletzungen zu schützen. Da jedoch auf diese Weise ihr essenzielles Bedürfnis nach Beziehung nicht mehr befriedigt werden kann, müssen sie die dadurch entstandene Leere anderweitig kompensieren.

Heraus kommt häufig der Versuch, den Schmerz durch falschen Trost zu lindern, wodurch ihre Gefühle kontinuierlich zwischen Schutz und Lust pendeln. Ihre eigene Nacktheit (Verletzlichkeit) überdecken sie mit einem Verhalten, das häufig in irgendeiner Form von Sucht endet. Eine Sucht ist nichts anderes als der Versuch, ein Loch in unserem Inneren durch positive oder schmerzlindernde Emotionen zu füllen. Das Problem dabei ist nur, dass dieser Versuch auf Dauer nicht funktioniert, weil die Lust letztlich immer den Menschen kontrollieren wird. Die Folge davon ist eine stetig zunehmende Abhängigkeit.

Ein gutes Beispiel für dieses Verhalten war Lars, den ich auf einer unserer Touren durch Grönland kennenlernte. Lars liebte Harmonie. Wenn alle gemeinsam unterwegs waren, mit- und füreinander die Zelte aufbauten und zur selben Zeit dasselbe aßen, war für ihn das Leben in Ordnung. Die Teilnehmer waren gerne in seiner Nähe, und er konnte die Gruppe mit Leichtigkeit zusammenhalten. All das waren positive Eigenschaften.

Insel Ammassalik auf der Ostseite Grönlands (Foto: Marcel Hager)

Doch was Lars ärgerte, waren die persönlichen und ehrgeizigen Ziele der anderen Teilnehmer, die von Zeit zu Zeit durch ihr egoistisches Verhalten sichtbar wurden. Er verstand nicht, weshalb nicht jeder den Wunsch nach einer harmonischen Gruppe verspürte. Enttäuscht zog er sich immer mehr zurück, bis aus ihm ein regelrechter Igel wurde. Das mangelnde Interesse der anderen Teilnehmer am Gruppenzusammenhalt und ihr Fokus auf Leistung lösten in ihm das Gefühl aus, abgelehnt zu sein. Lars stolperte über seinen Drang nach Harmonie und sabotierte mit seinem Rückzug sein eigenes Bedürfnis nach Beziehung.

Auf der anderen Seite des Lustprinzips steht das Leistungsprinzip. Gerade verstandesorientierte Menschen leben häufig nach dem Grundsatz: *Ich bin, was ich tue.* Resultate und Erfolge treiben sie an. Erreichen sie ihre Ziele, werden sie oft hochmütig und stolz. Versagen sie hingegen, begehen sie einen Fehler oder sind sie nicht fähig, ihre Ziele zu erreichen, fühlen sich verstandesorientierte Menschen minderwertig. In diesem Minderwert zu leben ist äußerst schmerzhaft, und dieser Schmerz führt dazu, dass sie sich entweder isolieren und aufgeben oder den Drang entwickeln, sich immer weiter beweisen zu müssen.

Die Folge davon ist, dass verstandesorientierte Menschen letztlich zu Gefangenen ihres eigenen Tuns werden. Denn kein Mensch begeht nicht irgendwann einen Fehler und Leistungen, seien sie auch noch so gut, können übertrumpft werden. Verstandesorientierten Personen fällt es deshalb schwer, sich zu entspannen. Zur Ruhe kommen sie meist erst dann, wenn ihr eigener Körper sie dazu zwingt – möglicherweise durch eine Krankheit oder einen Unfall. Menschen, die durch Leistung versuchen, ihren Wert zu verdienen, bezahlen meist einen hohen Preis dafür – nicht nur körperlich, sondern auch sozial: Stolze Menschen vermitteln den Menschen um sie herum ein Gefühl der Minderwertigkeit, wodurch viele Beziehungen oft entweder in einem Wettstreit enden und dadurch in die Brüche gehen oder eine ungleiche Machtdynamik entwickeln, in der keine wahre Freundschaft oder Liebe stattfinden kann.

Auf derselben Tour, an der auch Lars teilnahm, lernte ich Tobias kennen. Er war ein Mann, der stets nach Erfolg und Perfektion strebte. Eine Woche lang waren wir gemeinsam in der faszinierenden und zugleich monotonen und lebensfeindlichen Landschaft der Insel Ammassalik unterwegs. Um uns herum lagen Stein um Stein, soweit das Auge reichte, von unzähligen Eisbergen überfüllte Buchten und die weiße Kappe Grönlands in der Ferne.

In unseren Gesprächen waren wir uns einig, dass Erfolg etwas Schönes und Erfüllendes sein kann. Doch mehr und mehr wurden sein überhöhter Drang nach Erfolg und die damit verbundene Angst vor Versagen sichtbar, die sein Streben in ein anderes Licht stellte. Er hatte in seinem Leben schon viel erreicht und einiges geleistet. Doch es war aber stets Angst gewesen, die ihm Antrieb verliehen hatte. Ich fragte ihn, vor was er sich fürchte. »Ich kann nicht verlieren«, antwortete er. »Verlieren bedeutet für mich, nicht perfekt zu sein. Ich muss alle zufriedenstellen und alles kontrollieren können.« Die Begriffe »perfekt«, »alle« und »alles« waren dabei für Tobias nicht nur leere Floskeln. Er meinte sie auch so. Waren von zehn Personen nur neun zufrieden, hatte er in seinen Augen versagt. Was ihm jedoch erst auf jener Tour durch Grönland bewusst wurde, war, dass sein Streben nach Vollkommenheit ihn nicht vor dem Verlieren bewahren konnte, sondern letztlich dazu führte, dass er verlieren musste.

Gefühls- und verstandesorientierte Menschen wollen beide dasselbe: ihren Schmerz durch Flucht lindern. Lediglich die Art und Weise, wie sie das schmerzliche Gefühl der Ablehnung und des Versagens zu kontrollieren versuchen, unterscheidet sich.

Egal ob durch Lust oder Leistung: Der Wunsch, unser Leben zu kontrollieren, endet nicht in Freiheit, sondern in Abhängigkeit.

3. WER HAT DIR GESAGT, DASS DU NACKT BIST?

Ende Oktober war ich mit einer Gruppe von Männern und Frauen nördlich des schwedischen Polarkreises unterwegs. Es war Spätherbst, und die Blätter der Bäume waren bereits rot, gelb und braun. Bis auf ein paar Rentiere und Elche hatten wir die Natur ganz für uns. Nur das Wetter meinte es auf dieser Reise durch die rauen Gebirgszüge nicht gut mit uns: Bereits vom ersten Tag an waren wir Dauerregen ausgesetzt. Da wir die Nächte in Zelten verbrachten, stand uns abends auch kein Kamin zur Verfügung, an dem wir unsere Kleidung trocknen und uns hätten wärmen können. Das bedeutete zwar Strapazen für den Körper, auf der anderen Seite dafür aber reichlich Luft für die Seele.

In der Mitte der Woche, nach einer kalten, frostigen Nacht am Fuße eines Gletschers, gelangten wir schließlich zu einem der beschwerlichsten Wegabschnitte unserer Tour: Die Route führte uns auf einen Pfad aus Felsgeröll und Steinen über einen steilen Pass. Beim Aufstieg führte ich ein intensives Gespräch mit einem Teilnehmer namens Stefan. Während unsere Füße Stein für Stein nach oben stiegen, drang unser Gespräch tiefer und tiefer in sein Herz.

Wunderbare Aussicht von unserem Übernachtungsplatz auf den Rautasjaure (Foto: Marcel Hager)

Stefan war von der ständigen Angst geplagt, nicht zu genügen. Ich fragte ihn, wer oder was dieses Gefühl in ihm auslöse und ob er wisse, woher es komme. Während er eine steile Passage meisterte, dachte er über meine Frage nach und entdeckte schließlich einen möglichen Auslöser. Sein Vater hatte ihm in seiner Kindheit immer wieder denselben Satz gesagt:

»Messe dich stets mit demjenigen, der besser ist als du.«

Dieser eigentlich gut gemeinte Ratschlag erwies sich in Stefans Leben aber nicht als Ansporn, sondern wirkte sich zutiefst destruktiv aus. Egal, was er tat – er fand immer jemanden, der es besser konnte als er. Das Resultat war, dass seine Selbstzweifel und seine Furcht vor Versagen sein gesamtes Leben in eine Defensivhaltung brachten. Erst, als ihm während des steilen Aufstiegs der Zusammenhang zwischen dem Rat seines Vaters und seiner Einstellung zu sich selber bewusst wurde, konnte er beginnen, der Skepsis gegenüber sich selbst und seinen Fähigkeiten entgegenzutreten.

Stefan bezwang an diesem Tag nicht nur einen felsigen Pass mitten in der schwedischen Wildnis, sondern auch eine Lebenslüge, die ihn seit seiner frühesten Kindheit begleitete. Den Worten seines Vaters wurde dadurch die Kraft genommen. Endlich konnte er die Stimme zum Schweigen bringen, die ihm tagtäglich ins Ohr flüsterte, dass er nicht genügen würde.

Was passiert, wenn wir uns entblößen?

Auch Adam wurde von dieser hinterlistigen Stimme in die Defensive getrieben. Nachdem er von der verbotenen Frucht gegessen hatte, wurde ihm bewusst, dass er nackt war. Das führte dazu, dass er sich vor Gott versteckte. Darauf stellte Gott ihm eine einfache Frage:

»Wer hat dir gesagt, dass du nackt bist?« (1. Mose 3,11).

Wer hat dir gesagt, dass du nicht gut genug bist? Wer oder was löst dieses Gefühl in dir aus, noch immer der kleine Junge von damals zu sein, der zu langweilig oder zu unbegabt oder nicht kreativ genug ist? Wer hat schon im Vorfeld darüber entschieden, ob du einmal stark oder erfolgreich sein würdest? Wer gibt dir das Gefühl, zu versagen, wenn dir ein Fehler unterläuft?

Wer hat dir gesagt, dass du nackt bist?

Wir sind umgeben von Stimmen, die uns auf unsere Scham hinweisen und uns auf schmerzliche Art und Weise an unsere Schuld erinnern. Manche dieser Stimmen lassen uns kalt, doch andere haben die Macht, uns vor uns selbst und anderen zu entblößen. Sie treffen uns in unserer tiefsten Verletzlichkeit.

Doch obwohl uns unser Umfeld auf unsere Nacktheit und Verletzlichkeit hinweisen kann, trägt es keine Schuld daran, dass wir uns schämen und unvollkommen fühlen. Denn wir empfinden nicht in erster Linie Scham, weil wir nackt sind. Erst, wenn diese Nacktheit etwas offenbart, für das wir uns schuldig fühlen, empfinden wir Scham. Das Problem ist also nicht unsere Nacktheit, sondern unsere Unreinheit, die offenbar wird, wenn wir entblößt werden.

Das Problem ist nicht unsere Nacktheit, sondern unsere Unreinheit.

Im Sommer meines fünfzehnten Lebensjahrs veränderten sich mit dem Ende meiner Schulzeit meine äußeren Umstände schlagartig. Der Start meiner Ausbildung in einem handwerklichen Betrieb warf mich über Nacht in die Welt der »Erwachsenen«. Dieser plötzliche Übergang brachte meine Gedanken und Gefühle völlig durcheinander. Von einem Tag auf den nächsten wurde ich unsanft aus meiner Kindheit herausgerissen und musste plötzlich in der Geschäftswelt funktionieren.

Ich fiel in eine Sinnkrise. »Ist das wirklich alles?«, fragte ich mich. »Bietet das Leben wirklich nicht mehr? Ist das Leben überhaupt lebenswert, wenn jeder Tag nur aus Aufstehen, Arbeiten und Schlafen besteht?«

Doch dann lernte ich eine junge Frau kennen, mit goldblondem Haar und Augen, die direkt in mein Herz sehen konnte. Sie gab mir das Gefühl, gewollt und wichtig zu sein. Auf einmal sah ich klar. Es war, als hätte ich die Antwort auf alle meine Fragen gefunden.

Unweigerlich festigte sich der Gedanke in mir, dass diese Frau mein Herz und meine innere Leere füllen konnte. Sie war es, die meinem Leben einen Sinn geben würde. Ich glaubte, diese Beziehung wäre die Frucht, nach der ich hungerte, und die Fülle, nach der mein Herz lechzte. Sie wurde unweigerlich die Sonne in meinem Universum, um die ich kreiste. Ich fand all meine Bedeutung und meinen Wert in ihr.

Doch diese Hoffnung hatte einen bitteren Nachgeschmack. Ich wurde davon abhängig, diese guten Gefühle bei ihr zu suchen. Selbstverständlich wurde ich enttäuscht. Schon bald hatte sie mich durchschaut. Sie wurde die lauteste Stimme, die mein Verhalten und letztendlich meine Person immer und immer wieder infrage stellte. Sie begann, an mir zu zweifeln, und weil sie für mich das Einzige war, das mich hielt, schmerzte dieser Zweifel zutiefst.

Unsere Beziehung ging durch viele Zerreißproben hindurch. Wir durchlebten etliche Trennungen, gefolgt von leidenschaftlichen Momenten. Sie wollte mich und ich wollte sie. Doch wir fanden nicht, was wir suchten. Je mehr ich mich an sie klammerte, desto mehr stieß sie mich weg.

Heute weiß ich, dass sie mich zwar liebte, aber mir einfach nicht den Wert und die Bedeutung geben konnte, die ich so verzweifelt von ihr verlangte. Am Ende blieb ihr daher nichts anderes übrig, als sich von mir zu trennen.

Ich hatte mich vor dem Menschen entblößt, den ich am meisten geliebt und von dem ich gehofft hatte, ebenfalls geliebt zu werden. Von dieser Person kritisiert, abgewiesen und verletzt zu werden, war eine der härtesten und schwierigsten Erfahrungen für mich.

Der uralte Kampf um Anerkennung

Wenn wir die Frage nach unserer Bedeutung und unserem Wert nicht Gott stellen – wem stellen wir sie dann?

»Es ist mir extrem wichtig, was andere von mir denken!« Dieser Satz war eine der ersten Aussagen eines jungen Mannes, der mich bat, ihn als Mentor zu begleiten. Er ist mit diesem Gedanken nicht allein. So gut wie jedem Menschen ist es wichtig, was andere von ihm oder ihr denken, auch wenn es nicht alle so offen zugeben würden.

Viele Männer richten die Frage nach ihrer Bedeutung an ihr Umfeld, ihren Erfolg im Job, ihre Familie oder ihre Freunde: »Sag mir, wer ich bin! Sag mir, dass ich etwas kann und ein toller Kerl bin!«

Die Werbeindustrie trägt dabei einen großen Teil dazu bei, wen oder was wir als erfolgreich bezeichnen: Die Vergabe eines Titels wie

»Sexiest Man alive« oder die Forbes-Liste der reichsten Männer sollen uns zeigen, wer oder was als erstrebenswert gilt.

Im Rahmen eines Coaching-Gesprächs lernte ich einen erfolgreichen Geschäftsmann kennen, der in seiner Arbeit große Verantwortung trug und ein paar Dutzend Angestellte leitete. Seine äußerliche Erscheinung und sein Auftreten beeindruckten mich: Selbstsicher, gut gekleidet und mit einem gepflegten Haarschnitt nahm er mir gegenüber Platz. Umso erstaunter war ich, als ich im Verlauf des Gesprächs bemerkte, wie sehr er auf der Suche nach Anerkennung war. Die Erwartungen anderer Menschen hatten einen derart großen Einfluss auf sein Handeln, dass er dafür seine eigenen Bedürfnisse zurücksteckte. Weil ihm Harmonie sehr wichtig war, traf er seine Entscheidungen meistens zugunsten des Friedens. Er verurteilte sich aber dafür. Denn er dachte, dass ihn seine beziehungsorientierte Persönlichkeitsstruktur zu einem schwachen Menschen machte.

Nach einigen Gesprächen wurde ihm bewusst, dass ihn nicht seine Freundlichkeit schwach machte, sondern sein Wunsch, es um jeden Preis allen recht zu machen, damit er die Anerkennung dieser Menschen nicht verlor. Doch das war und ist keine gesunde Motivation. Denn die innere Unzufriedenheit, die aus diesem Drängen entspringt, ist stärker als jede oberflächliche Harmonie.

Die Kehrseite von Anerkennung ist die Vermeidung von Ablehnung. Diese Strategie wählte ein befreundeter Geschäftspartner von mir. Er sollte einen Auftrag für mich ausführen und war schon einige Zeit in Verzug. Ich habe ihn deshalb angerufen, um mich nach dem Stand der Arbeit zu erkundigen. Mit einem schlechten Gewissen erklärte er mir, dass er einfach noch nicht dazu gekommen sei. Während unseres Telefonats forderte ich ihn heraus, ehrlich zu sein. Nach langem Zögern rückte er schließlich mit der Wahrheit heraus: »Ich habe einfach keine Zeit, um all die Arbeit zu bewältigen, die ich mir aufhalse. Aber ich finde nicht den Mut, ›Nein‹ zu sagen.«

Die Angst, Menschen zu enttäuschen, setzte ihn unheimlich unter Druck. Zum einen spürte er den Druck, den Erwartungen der anderen zu entsprechen, zum anderen lastete der Druck auf ihm, die angenommenen Aufträge dann tatsächlich zu bewältigen. Die Tatsache, dass er mit der Arbeit nicht nachkommt und die Kunden dadurch erst recht enttäuscht werden könnten, bestätigte seine Angst und gab ihm noch mehr das Gefühl, nicht auszureichen. Seine Angst, den Erwartungen anderer nicht zu genügen, führte also dazu, dass er andere Menschen erst recht enttäuschte: eine Abwärts-Spirale, die immer enger wird, je länger er sich darin befand.

Um die Anerkennung zu erhalten, nach der sich unser Herz so sehr sehnt, zahlen wir häufig einen hohen Preis. Beeinflusst durch unsere Prägungen in der Kindheit und durch Erfahrungen in der Gesellschaft verinnerlichen wir eine Wertskala, deren Grundeinheit Anerkennung ist. Wir eifern einem bestimmten Erfolgstyp nach, einem Stereotypen, der es uns angetan hat und der uns verspricht, anerkannt und bewundert zu werden, sobald auch wir es einmal so weit gebracht haben.

Die Reaktion: Rückzug und Angriff

Wenn wir unsere Erfüllung außerhalb von Gott suchen, bleiben wir oft in einer endlosen Spirale aus Verletzung und Verletztwerden stecken. Trifft uns etwas dort, wo es wehtut, ziehen wir uns deshalb entweder zurück oder greifen an, um den Schmerz erträglicher zu machen.

Dieses Verhalten zeigten auch schon Adam und Eva, als sie mit ihrer Schuld konfrontiert wurden:

> »Die Frau«, antwortete Adam, »die du mir zur Seite gestellt hast, gab mir die Frucht. Und deshalb habe ich davon gegessen.« Da fragte Gott, der Herr, die Frau: »Was hast du da getan?« »Die Schlange verleitete mich dazu«, antwortete sie. »Deshalb aß ich von der Frucht.«
>
> 1. Mose 3,12-13

Adam gibt Eva die Schuld. Eva gibt der Schlange die Schuld. Indirekt beschuldigen beide Gott, da er Adam die Frau zur Seite gestellt und die Schlange in den Garten gesetzt hatte.

Unsere Schuld anderen zuzuweisen, ist der einfachste Weg, um mit dem Schmerz unserer Scham klarzukommen. Deshalb beschuldigen wir lieber unsere Familien, unsere Mitmenschen oder unsere Umstände, wenn etwas in unserem Leben nicht so läuft, wie es sollte. Und wenn alles nichts mehr hilft, geben wir ebenso gerne auch Gott die Schuld: »Weshalb lässt du das zu?« »Hast du mich vergessen?« »Bin ich dir nicht wichtig?«

Als ich ein Kind war, hatte mein Vater nur wenig Zeit für mich, weshalb ich mich von ihm abgelehnt fühlte. Als ich älter wurde, gab ich lange Zeit ihm die Schuld für meine inneren Konflikte. Ich machte ihn für mein Gefühl verantwortlich, nicht gut genug und nicht wertvoll zu sein. Insbesondere in der Zeit, als mich die Frau meiner Träume abgelehnt hatte, lastete ich ihm die ganze Misere in meinem Leben an. Ich gab ihm die Schuld, dass ich ihren Ansprüchen nicht genügen konnte. Erst viel später wurde mir bewusst, dass es falsch war, ihn allein für meine Gefühle und Handlungen verantwortlich zu machen. Heute weiß ich, dass mein Vater stolz auf mich ist und mich auf seine eigene Art liebt.

4. DER GROßE KAMPF UM UNSER HERZ: KONTROLLE VS. HINGABE

Während eines Sommerurlaubs in Frankreich mit meiner Frau und meinen Kindern besuchten wir das kleine, romantische Altstädtchen Fontaine de Vaucluse am Rande der Provence. Die Hauptsehenswürdigkeit des Ortes war die Quelle der Sorgue am Fuße einer zweihundertdreißig Meter hohen Felswand. Wer die Formulierung im Reiseführer »eine der beliebtesten Naturdenkmäler Frankreichs« richtig deuten konnte, ahnte es bereits: Einsamkeit ist an einem solchen Ort nicht zu finden.

Unser Ausflug begann an einem großen, gebührenpflichtigen Parkplatz. Der Weg war zunächst sehr breit und gesäumt von zahlreichen Souvenirläden, welche die unzähligen Besucher unterhielten. Doch je näher wir der Quelle kamen, desto schmaler wurde der Weg und desto weniger Menschen waren auf ihm unterwegs.

Der letzte Wegabschnitt war schließlich eng und steinig und wurde nur noch von sehr wenigen Besuchern in Angriff genommen. Von den zahlreichen Touristen, die wegen der Quelle nach Fontaine de Vaucluse gereist waren, gelangte am Ende nur ein Bruchteil ans Ziel und konnte den wunderschönen Ort bestaunen, an dem die Sorgue entspringt.

Dieses Erlebnis wurde für mich zu einem Bild für das, wie wir mit Gott und unserer Suche nach Leben umgehen.

Jeder von uns sucht eine Quelle in seinem Leben. Wir alle möchten den Ort finden, an dem wir angenommen und zu Hause sind. Wir alle sind auf der Suche nach Gott, selbst wenn wir es anders nennen. Und dennoch lassen wir uns auf dieser Suche sehr oft aufhalten. Der Weg ist uns zu lang und zu steinig. Wieso sollten wir uns anstrengen, ein weit entferntes Ziel zu erreichen, wenn bereits dort, wo wir sind, so viele Unterhaltungsmöglichkeiten für uns bereitstehen? Die unzähligen Angebote mit ihren Vergnügungen können uns so lange zum Verweilen verführen, bis wir irgendwann vergessen haben, wieso wir uns überhaupt auf den Weg gemacht haben. Und schließlich schaffen es nur sehr wenige von uns bis zum Ende und sehen die Quelle mit eigenen Augen.

Unsere Sehnsucht nach Leben führt uns oft nicht zur Quelle, sondern in eine Ablenkung oder Sucht in Form von Leistung und Lust, weil wir hoffen, dadurch unsere Sehnsucht stillen zu können. Doch unsere Sehnsucht nach Leben kann nie durch Ablenkungen oder Süchte gestillt werden.

Unserer Sehnsucht nachzugehen und das wahre Leben zu suchen erfordert den Mut, sich hinzugeben und ein Risiko einzugehen. Hingabe jedoch ist immer mit dem Verlust von Kontrolle verknüpft.

Eine Kreuzung mit drei Wegen

Bevor meine Frau Gisela und ich uns ein klares gegenseitiges Ja füreinander vor Gott und Zeugen geben konnten, spitzte sich unsere Beziehung noch einmal zu einem großen Finale zu.

Zusammen mit zwei befreundeten Paaren hatten wir eine Reise nach Schottland geplant: Mit einem alten VW-Bus und sechs Fahrrädern wollten wir durch die wilde Schönheit des Schottischen Hochlands fahren. Vor Beginn der Reise handelte ich mit Gott einen Deal aus: Entweder würde diese Reise zu einem Durchbruch in unserem Beziehungsdilemma führen und in einer Verlobung enden, oder ich würde eine traurige Niederlage in Form einer endgültigen Trennung erleben.

An unserem letzten Tag in Schottland und etliche Auto-, Fahrrad- und Beziehungspannen später offenbarte mir Gisela schließlich, dass sie unsere Beziehung beenden wollte. Du kannst dir sicherlich vorstellen, wie diese Nachricht nicht nur meine Stimmung drückte, sondern auch die der gesamten Gruppe. Während der Heimfahrt jammerte zu allem Überfluss der englische Herzensbrecher James Blunt durchs Radio und verstärkte das Gefühl der Enge in der alten Klapperkiste, mit der wir nach Schottland gefahren waren, nur noch mehr. Unsere letzte Stadtbesichtigung war dementsprechend schwarz und trist.

Als ich endlich wieder zu Hause angekommen war, ließ ich meinen Gefühlen freien Lauf. Doch nach ein paar Tagen, vielen Tränen und Tausenden Vorwürfen gegenüber Gott vernahm ich seine Stimme deutlich und herausfordernd. »Es gibt drei Wege«, hörte ich ihn sagen. »Auf dem ersten Weg kannst du um eure verlorene Beziehung kämpfen. Doch du wirst Gisela nie zurückerobern. Der zweite Weg besteht darin, die Beziehung aufzugeben und dein Glück bei einer anderen Frau zu suchen. Diese beiden Wege werden deinen Hunger und Durst nach Liebe jedoch nicht stillen. Wenn du wirklichen Frieden finden willst, musst du den dritten Weg wählen: Gib mir dein Leben hin!«

Ich sollte nichts tun? Gar nichts? Ich sollte mich nur hingeben?

Diese Herausforderung schien mir zu groß. Für eine Sache kämpfen konnte ich. Aufgeben und jemanden anderen suchen wäre zwar das Eingeständnis einer großen Niederlage gewesen, aber auch das war eine Option, die ich verschmerzt hätte. Gott dagegen einfach zu vertrauen und mich ihm hinzugeben, war für mich definitiv der schwerste und herausforderndste Weg.

Ich wusste, dass diese Entscheidung alles von mir abverlangen würde. Denn Kampf und Niederlage waren beides Wege, die ich kontrollieren konnte. Mich hinzugeben und loszulassen bedeutete dagegen, ein Risiko einzugehen und meine Beziehung mit Gisela – und damit gleichzeitig mein Leben und meine Zukunft – Gott zu überlassen.

Wir haben immer die Wahl. Wie die ersten Menschen, die im Paradies vor dem Baum mit den verbotenen Früchten standen, können wir uns jeden Tag und jede Stunde zwischen Kontrolle und Hingabe entscheiden.

> Und Gott, der Herr, ließ alle Arten von Bäumen in dem Garten wachsen - schöne Bäume, die köstliche Früchte trugen. In der Mitte des Gartens wuchsen der Baum des Lebens und der Baum der Erkenntnis von Gut und Böse.
>
> 1. Mose 2,9

Diese zwei Bäume, der Baum des Lebens (Hingabe) und der Baum der Erkenntnis (Kontrolle), stehen in unserem Garten. Der eine bringt das Leben, der andere den Tod. Unser Verlangen nach Wert, Bedeutung, Sicherheit, Schönheit und Abenteuer stellt uns immer wieder vor die Entscheidung: Welchen Baum soll ich wählen? Strecke ich mich nach dem Baums des Lebens aus oder koste ich von den Früchten des Baums der Erkenntnis? Entscheide ich mich für Hingabe oder Kontrolle? Wähle ich Vertrauen oder Lust und Leistung?

Es geht nicht nur um die Frage, ob wir glauben, dass es einen Gott gibt oder nicht. Es geht auch darum, wie und wo wir unseren Hunger und Durst stillen. Denn die Wahl für einen Baum entscheidet letztendlich über die Früchte, die unser Leben trägt.

Der Mensch will sich grundsätzlich für den Baum der Erkenntnis entscheiden. Wie damals Eva stehen wir vor diesem Baum und denken, dass es für unser Leben gut wäre, von den Früchten dieses Baumes zu essen. Schließlich gibt uns dieser Baum Kontrolle über unser eigenes Leben. Und es ist ein gutes Gefühl, unser Leben selber in der Hand zu halten und zu bestimmen, wie und wo unser Hunger gestillt wird.

Mit allem, was wir tun, verfolgen wir das Ziel, glücklich zu werden. Auch wenn es uns nicht immer bewusst ist, so hoffen wir doch stets, durch unser Handeln dieses Ziel zu erreichen. Eva-Maria Zurhorst, die Autorin des Buches »Liebe dich selbst und es ist egal, wen du heiratest«, beschreibt es treffend, wenn sie sagt: »Wir befinden uns permanent in einer Art Sog, aus dem heraus uns ewig und überall suggeriert wird, dass wir für unser Glück jemanden oder etwas finden müssen.« Solange wir versuchen, unser Leben zu kontrollieren, können wir nicht aufblühen.

Solange wir versuchen, unser Leben zu kontrollieren, können wir nicht aufblühen.

Diese Erfahrung machte auch eine junge Ehefrau und Mutter namens Marianne, die ein Coaching-Gespräch mit mir suchte. Sie erzählte mir, dass es in ihrer Ehe seit längerem Schwierigkeiten gebe. Sie hatte schon vieles versucht, um ihren Mann wiederzugewinnen, doch dieser war dauernd müde und gereizt. »Ich bin eigentlich überzeugt, den richtigen Mann geheiratet zu haben«, erzählte sie mir, »deshalb verstehe ich nicht, weshalb unsere Beziehung voller Konflikte und Spannungen ist.« Ich sprach mit ihr über etwas, das Emerson Eggerichs als den Teufelskreis des Ehewahnsinns bezeichnet: Eine Frau sehnt sich grundsätzlich nach Liebe – ein Mann dagegen nach Respekt. Der Mann kann allerdings ohne Achtung nicht lieben, so wie die Frau ohne Liebe keinen Respekt empfinden kann, und so entsteht der Teufelskreis.

Während unseres Gesprächs wurde Marianne bewusst, dass sie ihren Mann durch ihre Erwartungen im Grunde genommen anklagte und dadurch in die Defensive drängte. Sein Rückzug führte wiederum dazu, dass sich ihre Forderungen an ihren Ehemann nur noch vergrößerten, je weniger er sie erfüllen konnte.

Er konnte nicht so sein, wie er war – sie fühlte sich von ihm zurückgewiesen.

Die Beziehung zu ihrem Ehemann war Marianne sehr wichtig. Sie kämpfte um ihre Ehe, war aber gleichzeitig auch kurz davor, ihre Sachen zu packen und zu gehen, auch wenn sie das eigentlich gar nicht wollte. Ich stellte ihr schließlich dieselbe Frage, die mir Gott vor zehn Jahren gestellt hatte: »Welchen Weg möchtest du wählen? Den Weg des Kampfes, den Weg des Aufgebens oder den Weg der Hingabe?«

Es gibt Menschen, die empfehlen uns in Situation wie diesen aufzugeben, da sie keine Hoffnung mehr sehen. Andere ermutigen uns dagegen, um die Beziehung zu ringen. Beides kann in vielen Fällen wichtig und erforderlich sein. Doch sowohl Kampf als auch Aufgeben können nur zum Ziel führen, wenn sie die Sprache der Liebe und des Respekts sprechen und nicht der Kontrolle dienen.

Deshalb fragte ich Marianne: »Kannst du dich der Beziehung mit deinem Mann hingeben, ohne zu kontrollieren?« Die Frage stimmte sie nachdenklich. Nach einem kurzen Zögern musste sie feststellen, dass sie die Beziehung tatsächlich im Grunde kontrollieren wollte. Sie glaubte zu wissen, was das Beste für ihre Ehe war und wie ihre Vorstellungen erfüllt werden konnten. Im weiteren Verlauf des Gesprächs erkannte sie, dass Kontrolle eine Form von Egoismus ist. Hingabe dagegen ist Vertrauen, eine Offenheit für Andersartigkeit und die Fähigkeit, mit ganzem Herzen gnädig zu sein. »Hingabe ist Beziehung«, konnte sie schließlich für sich selbst formulieren. Erstaunt und ein wenig betrübt stellte sie fest, dass ihr Wunsch nach

Kontrolle und die Beziehung mir ihrem Mann nicht zueinanderpassten. Sie hatte mit ihrem kontrollierenden Verhalten genau das attackiert, was ihr am wichtigsten war.

Das dunkle Gefängnis der Kontrolle

Der Autor des Buches Prediger im Alten Testament wollte mit Weisheit die Welt erforschen und gleichzeitig das Leben genießen. Er ließ große Häuser und Paläste mit riesigen Gartenanlagen bauen und füllte seine Schatzkammern. Er erfüllte sich jeden Herzenswunsch und badete geradezu in skandalösen Vergnügen. Doch am Ende stellte er fest:

> »Es ist alles sinnlos und bedeutungslos«, (...). Das Auge kann sich niemals sattsehen und das Ohr kann nie genug hören.«
>
> Prediger 1,2.8

Das Bedürfnis, das Leben zu kontrollieren, ist tief in uns verankert. Es ist ein Erbe, das seit Äonen von Generation zu Generation weitergegeben wurde. Der Wunsch, das Leben im Griff zu haben, treibt nicht nur viele Männer an. Die Angst, dabei zu versagen, sitzt uns allen dabei ständig im Nacken.

Das Leben kontrollieren zu wollen ist jedoch wie eine Abwärtsspirale. Es hält uns gefangen. Der Wunsch nach Kontrolle ist ein dauerndes Verlangen, das wir immer wieder von Neuem verspüren, sobald die kurzfristige Befriedigung wieder vorbei ist. Wir denken zwar, dass es Freiheit bedeutet, unser Leben zu kontrollieren, doch in Wahrheit führt Kontrolle uns immer weiter vom Leben fort. Diese Bürde brachte auch Andreas auf eines unserer Charakterwochenenden in Schottland mit. Von außen schien er ein harter Kerl zu sein: gut gebaut, mit Vollbart und einem selbstbewussten Auftreten. Andreas führte erfolgreich sein eigenes Geschäft und lebte in zweiter Ehe. Doch unter der scheinbar perfekten Fassade brodelte es.

Der Druck, seinen eigenen Anforderungen genügen zu müssen, raubte ihm die Freude am Leben. Eines Nachts, nachdem wir gemeinsam eine Bergflanke bestiegen hatten, drückte ihm schließlich die eigene Last die Tränen aus den Augen. In der kühlen Dunkelheit vor dem Gipfelkreuz offenbarten die körperlichen Strapazen des Charakterwochenendes, dass er seinen inneren Anforderungen nie genügen konnte. Er erkannte, dass er sich auf einen Wettlauf gegen den Wind eingelassen hatte. Ich stellte mich zu ihm, nahm ihn in den Arm und begann zu beten. Eine starke Liebe zu Andreas erfüllte mich. Ich spürte, was dieser gestandene Mann in diesem Moment hören musste, und sprach es laut aus: »Du genügst. Hörst du mich? Du bist ausreichend. Du genügst!«

Ich weiß nicht mehr, wie oft ich Andreas in dieser Nacht diese Worte sagte. Aber ich wusste in jenem Moment, dass diese Wahrheit tief in seinem Herz verankert werden musste. Ich proklamierte deshalb diese Worte so lange, bis ich spürte, dass sie allmählich zu seinem Herzen durchdrangen. Mit gebrochener und leiser Stimme bat er schließlich Gott um Vergebung dafür, dass er ihm nicht glaubte, und beendete sein Gebet mit den Worten: »Danke, das ich genüge.«

Jesus erzählte seinen Jüngern einmal das Gleichnis von einem Sohn, der seinen Sehnsüchten freien Lauf ließ. Er forderte seinen Erbteil bei seinem Vater ein und zog in ein fernes Land. Er verschwendete sein Geld in der Hoffnung, sein Glück zu finden. Sein Vermögen wurde immer kleiner und sein Hunger immer größer, bis er schließlich in einem Schweinestall endete. Am Tiefpunkt seines Lebens angekommen, entschied sich der Sohn, nach Hause zu gehen. Als sein Vater ihn kommen sieht, läuft er ihm entgegen, umarmt und küsst ihn und veranstaltet aus Freude über seine Rückkehr ein großes Fest.

Doch nicht alle feierten mit. Der ältere Bruder des zurückgekehrten Sohnes blieb den Feierlichkeiten fern und schmollte. Er war beleidigt, dass sein Vater für seinen zügellosen Bruder ein Fest veranstaltete, während er, der immer fleißig und treu gearbeitet hatte, nie ein solches Geschenk erhalten hatte. Doch sein Vater suchte ihn und antwortete auf seine Klage:

> »Wir mussten diesen Freudentag feiern, denn dein Bruder war tot und ist ins Leben zurückgekehrt! Er war verloren, aber jetzt ist er wiedergefunden!«
>
> Lukas 15,32

Fälschlicherweise wird diese Geschichte immer als »Das Gleichnis vom verlorenen Sohn« bezeichnet. Denn eigentlich geht es um zwei verlorene Söhne. Der jüngere Sohn versucht in der Welt sein Glück. Sein Fehler bestand darin, dass er seinen ganzen Erbteil für Vergnügungen verprasste – er lebte ausschließlich nach dem Lustprinzip. Als er schließlich zur Besinnung kam, kehrte er zu seinem Vater zurück. Der ältere Sohn dagegen blieb zwar bei seinem Vater, doch sein Fehler bestand darin, dass er versuchte, seine Bedeutung durch Arbeit zu verdienen – er diente dem Leistungsprinzip.

Beide Söhne wollten ihr Leben selbst kontrollieren. Beide aßen vom Baum der Erkenntnis und beide wurden enttäuscht. Von außen betrachtet sah der Weg des älteren Bruders zwar besser aus, doch sein Weg war ebenso tückisch, denn es ist der Weg der religiösen Kontrolle.

Als ich Pastor und Leiter einer Kirche war, konnte ich oft beobachten, wie Menschen durch Willenskraft versuchten, ihre Lust zu kontrollieren und im Zaum zu halten, um sich durch ihre Leistung Gottes Anerkennung zu verdienen. Sie waren wie der ältere Sohn: Sie hatten eine Beziehung mit Gott, sie gingen in die Kirche und wussten, was man als Christ tun und was man besser lassen sollte. Sie wurden zu Experten darin, sämtlichen moralischen Ansprüchen zu entsprechen. Auf diese Weise suchten sie ihren Wert bei Gott. Doch statt ihre Bedeutung vom Vater zu empfangen – wie es schließlich der jüngere

Sohn im Gleichnis macht –, wollten sie ihre Bedeutung verdienen. Und so klagten sie früher oder später bei Gott:

> »All die Jahre habe ich schwer für dich gearbeitet und dir nicht ein einziges Mal widersprochen, wenn du mir etwas aufgetragen hast. Und in dieser ganzen Zeit hast du mir nicht einmal eine junge Ziege gegeben, um mit meinen Freunden ein Fest zu feiern.«
>
> Lukas 15,29

Während der ältere Bruder klagt, weil er glaubt, benachteiligt worden zu sein, merkt er nicht, dass ihm eigentlich schon alles gehört. Er konnte es bloß nicht für sich annehmen.

> Sein Vater sagte zu ihm: »Sieh, mein lieber Sohn, du und ich, wir stehen uns sehr nahe, und alles, was ich habe, gehört dir.«
>
> Lukas 15,31

Der Wunsch, unser Leben, unseren Wert und unsere Bedeutung zu verdienen, ist tief in unseren Herzen verankert. Auch der Glaube an Gott befreit uns nicht automatisch davon. Häufig ändert er stattdessen nur unser Verhalten: Statt der Anerkennung von Menschen wollen wir uns Gottes Anerkennung verdienen und versuchen, durch gute Werke und einem kontrollierten »Sündenmanagement« unsere Stellung bei Gott zu sichern.

Das Loch in unserem Herz wird durch religiöse Leistung jedoch nicht gefüllt. Im Gegenteil: Religiöse Aktivitäten können unsere Sehnsucht nach wahrem Leben sogar verdrängen und ersticken. Je länger der Zustand unseres religiösen Eiferns anhält, desto mehr trocknet unsere Seele aus, bis unser nach außen hin »geistliches Leben« schließlich zu einem großen Schauspiel wird, hinter dem wir unser leeres Herz verbergen. Äußerlich versuchen wir zwar krampfhaft, fröhlich zu sein und »gute Früchte« zu produzieren, damit unsere

Mitmenschen Gott erkennen, doch am Ende geht es uns wie Paulus, wenn er sagt: »Denn das Gute, das ich will, das tue ich nicht; sondern das Böse, das ich nicht will, das tue ich« (Römer 7,19; LUT).

Wir versagen an unseren eigenen Bemühungen. Je mehr wir durch unsere Taten Gott und den Menschen gefallen wollen, umso mehr werden wir das Gefühl haben, abgelehnt zu sein. Wir können unseren Wert nicht an unsere Religiosität hängen und hoffen, dadurch gerettet zu werden. Denn die Bestrebungen, mit Werken vor Gott bestehen zu wollen, werden immer umsonst bleiben. Wir benötigen auch keine äußere Beschneidung oder ein krampfhaftes Zurechtstutzen unserer Charaktere, damit wir weniger sündigen. Was wir brauchen, ist eine innere Erneuerung. Wir benötigen einen Ort, an dem unser Herz zur Ruhe kommen kann.

Wenn wir jedoch meinen, durch das Vermeiden von Sünde oder durch gute Werke das Leben in Fülle und Anerkennung vor Gott finden zu können, werden wir früher oder später enttäuscht werden. Denn irgendwann wird diese fehlgeleitete Sehnsucht immer an einem anderen Ort wieder zum Vorschein kommen.

Unser Durst wird nicht gelöscht, indem wir uns weigern, dreckiges Wasser anzurühren, sondern indem wir lebendiges Wasser trinken. Wir können uns dieses lebendige Wasser aber nicht durch gute Taten verdienen. Wir können es lediglich empfangen.

Wahres Leben finden

Welche Bedeutung habe ich? Wie finde ich meine Identität? Diese Fragen stellen sich uns, wenn uns bewusst wird, dass wir unsere innere Leere nicht mit Werken und Leistung füllen können.

Mitten in einer sehr schwierigen Phase meines Lebens, in der ich mir viele Fragen zu meinem Leben und zu meinem Glauben stellte, wurde meine Aufmerksamkeit auf einen Vers in den Psalmen gelenkt. »Du tust mir kund den Weg zum Leben!« (Psalm 16,11; LUT).

Ich suchte nach diesem Weg. Manchmal verzweifelte ich beinahe bei meiner Suche, denn ich wollte dieses Leben um jeden Preis. Das Wort allein löste in mir eine unglaubliche Sehnsucht aus, die mein Herz bluten ließ. Ich wollte dieses Leben suchen und finden. Doch ich wusste nicht, wie und wo.

»Du tust mir kund den Weg zum Leben!«

Dieser Vers wurde für mich zu einer Ermutigung, wenn ich in meinem Leben nicht weiterkam: Da ist jemand, der uns den Weg zeigt, wenn wir verzweifelt an allen Orten nach Leben suchen. Da gibt es jemanden, der uns einen Ausweg zeigt, wenn wir enttäuscht und verwirrt sind und uns leer fühlen.

»Was sucht ihr?«, fragt Jesus seine Jünger einmal (Johannes 1,38; LUT). Was suchen wir eigentlich? Der christliche Glaube beginnt mit einer Einladung. Jesus ist nicht in erster Linie auf die Erde gekommen, damit er unsere Sünden vergibt, damit wir nach dem Gesetz leben und anständige Menschen werden. Jesus ist gekommen, um uns zu unserem eigenen Herzen zu führen. Er ist gekommen, damit wir das Leben im Überfluss haben!

Als Jesus auf der Erde war, machte er Blinde sehend, heilte Lahme und aß mit Huren und Zöllnern. Er gab sich mit Menschen ab, die nicht entsprechend der gängigen Normen lebten. Jesus kam zu diesen Menschen, weil sie sich nach etwas sehnten. Der Lahme wollte gehen, der Blinde wollte sehen und die Hure wünschte sich Liebe. Doch hinter all diesen offensichtlichen Wünschen war noch mehr verborgen: die tiefe Sehnsucht nach Bedeutung, Annahme und dem wahren Leben.

Eines Tages begegnete Jesus mitten am Tag am Jakobsbrunnen einer Frau aus Samarien. Sie hatte bereits fünf Männer gehabt, und mit dem Mann, mit dem sie nun zusammenlebte, war sie nicht verheiratet. Die Frau kam an den Brunnen, um Waser zu holen, als die

Sonne ihren höchsten Stand erreichte. Auf diese Weise wollte sie den anderen Frauen aus dem Weg gehen, die ihren Lebenswandel missachteten. Nur Gott nicht. Denn am Brunnen begegnete ihr Jesus. Welches Gesprächsthema wählte nun Jesus? Er sprach mit ihr nicht über ihre Sünden, sondern über ihren Durst.

> »Wenn du wüsstest, welche Gabe Gott für dich bereithält und wer der ist, der zu dir sagt: ›Gib mir zu trinken‹, dann wärst du diejenige, die ihn bittet, und er würde dir lebendiges Wasser geben.«
>
> Johannes 4,10

Jesus will, dass wir leben! Er will, dass unser Hunger und unser Durst gestillt werden, dass wir wissen, wer wir sind, und dass wir dieses Leben von ganzem Herzen suchen. Jesus will, dass wir ihn suchen.

> Bittet, und ihr werdet erhalten. Sucht, und ihr werdet finden. Klopft an, und die Tür wird euch geöffnet werden.
>
> Matthäus 7,7

Wer sein Leben kontrolliert, wird es verlieren, heißt es in der Bibel (Lukas 9,25). Das ist keine Strafe oder Schikane, sondern lediglich die Konsequenz unserer Entscheidung. Wahres Leben finden wir erst, wenn wir es in Gott verlieren. Jesus verlangt aber nicht unsere Resignation. Er will nicht, dass wir nur atmen, aber nicht lebendig sind. Was er von uns möchte, ist, dass wir den Mut finden, die Kontrolle abzugeben und uns ganz ihm hinzugeben.

5. EIN UNVERGLEICHLICHES ANGEBOT

Und Gott, der Herr, machte Adam und seiner Frau Kleidung aus Tierfellen und zog sie ihnen an.

1. Mose 3,21

Gott liebt den Menschen zu sehr, um ihn mit einem Feigenblatt bekleidet hinter einem Gebüsch sitzen zu lassen. So, wie er Adam in seinem Versteck suchte, sucht er auch dich und mich. Statt uns mit unseren selbst gebastelten Kostümen alleine zu lassen, bietet er uns echte Kleidung an. Gott möchte unsere Masken und unsere Verkleidungen ersetzen. Er möchte uns erneuern und uns in unsere wahre Identität führen.

Gott schlachtete aus Liebe zu den Menschen ein Tier, damit sie Kleidung aus Fell tragen konnten und sich nicht länger nur mit einem Feigenblatt bedecken mussten. Diese Handlung ist ein wunderbarer Hinweis auf den Versöhnungsakt, der später durch Jesus stattfinden wird. Gott zeigt uns einen Weg heraus aus unserem Versteck. Er bietet uns die Möglichkeit, wieder in die Gemeinschaft mit dem Vater zu kommen.

Jesus sagt von sich: »Ich bin der Weg, die Wahrheit und das Leben; niemand kommt zum Vater außer durch mich« (Johannes 14,6).

Unsere Entscheidung, das Leben kontrollieren zu wollen, brachte uns den Tod und die Trennung von Gott. Doch Jesus nahm unseren ganzen Schmerz, unsere Wunden und den Tod auf sich, damit der Mensch wieder zu seiner wahren Bestimmung zurückfinden kann. Jesus ist der Weg zurück in den verlorenen Garten. Durch seinen Tod am Kreuz ist der Weg zum Baum des Lebens wieder frei und wir haben Zugang zu den Früchten, die unseren Hunger stillen, unsere Fragen beantworten und uns in die Freiheit führen.

Jesus begegnet uns in unserer Suche nach Bedeutung und Anerkennung. Er bietet uns sein Leben im Austausch für unsere Feigenblätter. Alles, was er dafür verlangt, ist, dass wir unsere selbst gebastelten Schürzen ausziehen und stattdessen das Fell anziehen, das er uns anbietet. Doch um dieses Geschenk anzunehmen, ist es notwendig, dass wir ihm vertrauen. Wir müssen Gott glauben, dass er uns zur Ruhe führt und dass durch Jesus unsere Persönlichkeit in ihrer ganzen Größe wiederhergestellt wird.

Als Adam und Eva ihre Feigenblätter hergaben, um ihre neuen Kleider aus Fell anzuziehen, waren sie für einen kurzen Zeitraum nackt und ausgeliefert. Ihre Scham wurde aufgedeckt. Doch das war nötig, damit sie sich mit den Fellen bekleiden konnten und dadurch geheilt wurden. Der Weg zurück zum Leben führt immer durch eine Zeit des Nacktseins. Das Alte muss losgelassen werden, bevor das Neue empfangen werden kann.

> Und ich werde euch ein neues Herz geben und euch einen neuen Geist schenken. Ich werde das Herz aus Stein aus eurem Körper nehmen und euch ein Herz aus Fleisch geben.
>
> Hesekiel 36,26

Gott will unser Herz berühren. Er will die tiefe Sehnsucht in unserem

Innern stillen. Er will uns nicht etwas nehmen, sondern er bietet uns etwas Besseres an:

Jesus.

Die dreifache Erlösung

Als Gott den Menschen nach seinem Bild schuf, kreierte er zuerst einen Körper. Er nahm einen Klumpen Erde und gestaltete ihn. Dieser Körper war jedoch zum Zeitpunkt seiner Entstehung noch leblos. Erst, als Gott ihm den »Odem des Lebens« einhauchte und ihm einen Geist gab, wurde der Körper lebendig (1. Mose 2,7; LUT).

Der Mensch ist ein geistliches Wesen. Der Geist des Menschen wurde hineingepflanzt in einen physischen Körper mit einer Seele, die denken und fühlen kann. Wir sind ganzheitliche Persönlichkeiten und als Individuen unteilbar.

Gott geht mit uns durch eine dreifache Erneuerung: Geist, Körper und Seele.

Als die ersten Menschen den Garten verlassen mussten, wurden sie in allen drei Bereichen von Gottes Liebe getrennt. Seit dieser Zeit sehnen sich sowohl unser Geist als auch unser Körper und unsere Seele nach Wiederherstellung.

Wenn wir wieder zurückwollen zu dem Leben, das uns abhandengekommen ist, müssen wir einen Weg der Erneuerung antreten. Viele Christen glauben, wenn sie sich für Gott entschieden haben, sind sie ab sofort neue Menschen geworden. Dementsprechend sind sie enttäuscht, wenn nach dieser Entscheidung alte Gewohnheiten, Süchte oder schwerer Ballast aus der Vergangenheit weiterhin Einfluss auf ihr Leben haben. Oft sind Selbstanklagen und Selbstvorwürfe die Folge.

Doch Gott geht mit uns durch eine dreifache Erneuerung: Geist, Körper und Seele.

In dem Moment, in dem wir uns Gott zuwenden, erneuert er unseren Geist. Wir sind als seine Kinder angenommen und geliebt. Er schenkt uns seinen Geist, der für uns einsteht. Dadurch werden wir ein Teil seines Königreichs und haben Anteil an seinem Leben.

Unser Körper hingegen wird durch unsere Entscheidung für Gott noch nicht erneuert. Da er durch die Sünde vergänglich geworden ist, bleibt er der Alterung ausgeliefert. Die Konsequenz ist der physische Tod. Erneuerung erfährt unser Körper erst, nachdem wir gestorben sind (2. Korinther 4,16).

Was in diesem Leben stattfindet, ist die Erneuerung unserer Seele. In dem Augenblick, in dem wir uns Gott zuwenden, beginnt unsere Reise der Heiligung und Erlösung. Unser Leben mit Gott ist ein Weg der Wiederherstellung, wenn wir ihm Erlaubnis dazu geben. Er führt uns aus dem Zerbruch zur Heilung, aus der Einsamkeit in die Gemeinschaft und aus dem Land der Verwüstung zurück ins gelobte Land.

Dieser Weg ist allerdings nicht bereits nach dem ersten Schritt beendet. Die Heilung unserer Herzen ist ein lebenslanger Prozess. Gott möchte uns Tag für Tag erneuern und uns unser Versagen, unsere schlechten Lebensstile und Angewohnheiten wie faule Zähne ziehen.

Vor dem Tag kommt die Nacht

Es wurde Abend und Morgen: der erste Tag.

1. Mose 1,5

Der allererste Tag begann mit der Nacht. Wenn Gott etwas Neues schafft, beginnt er mit der Nacht und endet am Tag. Der Prozess, in welchem Gott unser Herz erneuert, ist diese Zeit zwischen Nacht und Tag.

Manche irrten auf einsamem Weg durch die Wüste und sie fanden keine Stadt, in der sie wohnen konnten. Sie waren hungrig

> und durstig und wären beinahe gestorben. Da schrien sie zum Herrn in ihrer Not und er rettete sie aus ihrer Verzweiflung. Er führte sie den richtigen Weg, sodass sie in eine Stadt kamen, in der sie wohnen konnten.
>
> Psalm 107,4-7

Möglicherweise bist du schon sehr lange Christ und glaubst an Gott, seit du ein Kind bist. Trotzdem ist dir vielleicht das Gefühl des Hungers und Durstes, das in dieser Bibelstelle beschrieben wird, bestens vertraut?

Es ist richtig, dass unser Geist durch unsere Entscheidung für Gott gerettet wurde. Doch unsere Seele ist noch immer auf der Suche nach Bedeutung und verliert sich immer wieder in unseren alten Verhaltensmustern und schlechten Gewohnheiten, die tief in uns verankert sind. Damit wir das göttliche »Fell« anziehen können, muss Gott uns deshalb erst unsere Feigenblätter abnehmen. Das kann er allerdings nur, wenn wir bereit sind, die Hilfskonstruktionen und Krücken in unserem Leben loszulassen. Die Bereitschaft für diesen Schritt zeigen wir jedoch leider meist erst dann, wenn sich unsere falschen Lebenshilfen in Notsituationen als unbrauchbar erweisen.

So erging es auch Daniel, einem zweifachen Familienvater, der mit über hundert Männern an einem verlängerten Wochenende im Schottischen Hochland teilnahm. Schon am ersten Tag war das Wetter garstig. Der Wind peitschte uns Regen und kalte Luft ins Gesicht. Daniel schien das jedoch nicht viel auszumachen. Er war der Fitteste und Trainierteste in seiner Gruppe, die aus zehn Männern bestand. Er ging stets voran.

Während des Aufstieges auf eine Hochebene bemerkte Daniel plötzlich, wie sich ein stechender Schmerz in seinem Knie auszubreiten begann. Erst versuchte er, den Schmerz zu ignorieren, und lief weiter mit großer Geschwindigkeit an der Spitze der Gruppe. Das Stechen wurde dadurch jedoch nur noch stärker. Erst, als er fast nicht mehr gehen konnte, weihte er seine Freunde ein. Doch obwohl er nach langem Ringen mit sich selber den Mut gefunden hatte, seine Schmerzen zuzugeben, sträubte er sich dagegen, sich von einem seiner Weggefährten den Rucksack tragen zu lassen. Im strömenden Regen legten seine Gruppenkameraden ihm schließlich die Hände aufs Knie und beteten für ihn.

Doch anstatt sein Knie zu heilen, überführte Gott Daniel in seinen Gedanken. Unter Tränen und starken Knieschmerzen fragte er sich, warum er nie Hilfe annehmen konnte, warum er immer alles alleine schaffen musste.

Daniel begegnete im Sturm seiner Verzweiflung Jesus. Und wie Jesus damals mitten auf dem See Genezareth Petrus aufs Wasser rief, so forderte er jetzt Daniel auf, ihm ganz zu vertrauen und seine Kontrolle abzugeben.

Entlang dem Loch Etive in der Region Argyll and Bute (Foto: Marcel Hager)

Schließlich war er gezwungen, seinen Rucksack abzugeben und auf der restlichen Strecke die Hilfe seiner Kameraden in Anspruch zu nehmen. Am nächsten Tag erzählte mir Daniel: »Gott hat mir nicht einfach meine Knieschmerzen genommen. Er hat meinen Stolz gebrochen. Während ich mir von meinen Weggefährten helfen ließ, den letzten Wegabschnitt zu meistern, hat Gott meine Seele geheilt. Ich muss nicht alles selber können. Mein Wert wird nicht gemindert, wenn ich Hilfe in Anspruch nehme.«

Wenn Gott unsere Fassaden zum Bröckeln bringt, schmerzt es zunächst: Wir fühlen uns verraten, verloren und hoffnungslos, weil wir unseren Halt und unsere Sicherheit verlieren. Wenn sich unsere Feigenblätter als nutzlos erweisen und unsere ganze Scham zum Vorschein kommt, fühlen wir uns nackt und ausgeliefert. Doch diese Nacktheit ist die beste Ausgangslage für die Veränderung und Erneuerung unserer Seele.

Der Weg vom Alten zum Neuen führt häufig durch einen Zerbruch:

- Abraham und seine Frau wurden so alt, dass es für sie aussichtslos schien, noch ein Kind zu bekommen.
- Hiob verlor seine Familie, seine Gesundheit und seinen Reichtum, bevor er übermäßig reich gesegnet wurde.
- Josef wurde verkauft, gedemütigt und zu Unrecht ins Gefängnis geworfen, ehe er an der Seite des Pharaos regierte.
- Das Volk Israel wurde aus der Sklaverei befreit, doch der Weg in ein sicheres und fruchtbares Land führte durch die Wüste.
- Jona war von Gott berufen, doch er flüchtete vor ihm und verirrte sich in den Bauch eines Wales, wo er drei Tage und drei Nächte in der Finsternis ausharren musste. Doch diese Qualen veränderten sein Herz und er wurde zu einem Segen für die hundertzwanzigtausend Menschen der Stadt Ninive.

Selbst David, der große König Israels, war zwischen seiner Salbung zum König und seiner Einsetzung zahlreiche Jahre auf der Flucht und musste sich in der Wüste verstecken. In Psalm 23 beschreibt er eindrücklich, was Gott in uns tut, während wir scheinbar alles verlieren.

> Der Herr ist mein Hirte, ich habe alles, was ich brauche.
> Er lässt mich in grünen Tälern ausruhen, er führt mich zum frischen Wasser.
> Er gibt mir Kraft. Er zeigt mir den richtigen Weg um seines Namens willen.
> Auch wenn ich durch das dunkle Tal des Todes gehe, fürchte ich mich nicht, denn du bist an meiner Seite.
> Dein Stecken und Stab schützen und trösten mich.
> Du deckst mir einen Tisch vor den Augen meiner Feinde.
> Du nimmst mich als Gast auf und salbst mein Haupt mit Öl.
> Du überschüttest mich mit Segen.
> Deine Güte und Gnade begleiten mich alle Tage meines Lebens, und ich werde für immer im Hause des Herrn wohnen.

Gott ist unser Hirte. Er führt uns. Das dunkle Tal, der Zerbruch, ist keine Strafe, sondern der einzige Weg, der uns zu einem erneuerten Leben führt. Nur wenn wir durch diese Dunkelheit hindurchgehen, können wir von der alten und abgegrasten Wiese zur frischen Weide gelangen. Der Weg durch das Tal ist wichtig und entscheidend.

Das dunkle Tal ist keine Strafe, sondern der einzige Weg, der uns zu einem erneuerten Leben führt.

Während David zunächst in der dritten Person über Gott schreibt, wechselt er im dunklen Tal von der »Er-Form« zur »Du-Form«. Durch die schmerzhafte Erfahrung im Tal entsteht eine persönliche Beziehung zwischen ihm und Gott. Der Weg durch die Not hindurch schafft eine Verbindung. Das »Er« wird zum »Du« – eine tiefe und emotionale Nähe entsteht zwischen Gott und dem Menschen.

Vor der Auferstehung kommt der Tod

> Ich bin aber davon überzeugt, dass unsere jetzigen Leiden bedeutungslos sind im Vergleich zu der Herrlichkeit, die er uns später schenken wird.
>
> Römer 8,18

Während wir darauf warten, dass Gott unsere Seele wiederherstellt, leiden wir. Doch dieses Leiden lässt uns Durchhaltevermögen entwickeln. Diese Kraft durchzuhalten formt wiederum unseren Glauben und ändert unseren Lebensstil. Vielleicht treten wir wie das Volk Israel mit allen Schätzen Ägyptens den Weg ins verheißene Land an – und sind trotzdem bald danach völlig von Gott abhängig, sodass wir ohne seine Hilfe noch nicht einmal einen Schluck Wasser zu trinken hätten. In der Wüste wird Gott zu unserem Vater und wir zu seinen Kindern.

Die Bibel zeigt anhand Dutzender Beispiele, dass uns Gott durch eine Zeit der Wüstenwanderung von unseren »Feigenblättern« befreien und dadurch unsere Beziehung zu ihm wiederherstellen will. Die Wüste ist der Ort, an dem die Umklammerung gelockert wird, mit der wir unsere Welt kontrollieren wollen. Es ist der Ort, an dem wir durch die Abhängigkeit von Gott in die Freiheit finden.

Bevor meine Beziehung mit Gisela ganz in Brüche ging und Gott mich durch mein eigenes dunkles Tal führte, machte ich ein seltsames und gleichzeitig sehr ergreifendes Erlebnis. Ein mir völlig fremder Mann begegnete mir eines Tages auf der Straße und begrüßte mich mit den Worten: »Du Mann Gottes. Vor der Auferstehung kam der Tod. Du musst zuerst sterben, bevor dein Leben neu aufblüht!« Ich hatte keine Ahnung, was dieser Mann von mir wollte und wieso er mir das sagte, doch es berührte mich zutiefst.

Der Mann hatte recht. Bei mir musste noch einiges absterben. Aber es ging nie um meine Beziehung mit Gisela. Es ging um mein Herz. Unsere Freundschaft ging durch einen Tod, damit neues Leben folgen konnte. Die Beziehung musste in die Brüche gehen. Nicht wegen der Beziehung an sich, sondern wegen all der Erwartungen, die ich an die Frau meiner Träume hatte. Ich forderte von ihr, dass sie mir all meine Fragen beantwortete. Ich übertrug all meinen seelischen Ballast und meine Suche nach Männlichkeit und Stärke auf eine junge Frau, die sich selbst nach Sicherheit und Bestätigung sehnte. Es war daher nicht erstaunlich, dass unsere Liebe an diesen gewaltigen Anforderungen zerbrach.

Mit der Zeit wurde mir klar, dass ich meine Suche nach dem Leben, nach dem ich mich sehnte, an eine Frau gehängt hatte. Wie konnte ich Liebe anbieten, wenn ich selber verzweifelt auf der Suche nach ihr war? Ein wahrer Mann geht nicht zu einer Frau, um von ihr Stärke zu erhalten, sondern um ihr Stärke anzubieten. Doch diese Stärke musste ich erst finden – unabhängig von ihr.

In der Zeit meiner Trennung von Gisela, als ich mich nackt und zerbrochen Gott zuwandte, wurde mir klar, dass nicht in erster Linie meine Beziehung zu Gisela Heilung benötigte, sondern meine Beziehung zum Vater: sowohl zu meinem leiblichen als auch zu meinem himmlischen Vater. Der Weg zu mir selber, zu meiner Bedeutung und Bestimmung, führte mich deshalb zunächst fort vom anderen Geschlecht. Denn echte Männlichkeit wächst nur aus der Beziehung zum Vater.

Gott hatte sich meiner als dieser Vater angenommen. Er hatte mich gesucht und nach mir gerufen. Tief in unserem Innern sehnen wir uns nach einem Vater, der uns liebt, der uns anleitet und uns bestätigt. Entscheidend ist, dass wir diese Dinge bei Gott, unserem wahren Vater, suchen. Das ist jedoch gar nicht so einfach. Zu oft erhoffte ich mir, die Anerkennung und Wertschätzung, die ich mir wünschte, durch männliche Autoritätspersonen in einer Leitungs- oder Vorbildfunktion zu erhalten, doch meine Erwartungen wurden immer wieder enttäuscht. Denn indem ich diese Personen auf einen Thron stellte, verlieh ich ihnen Macht und wurde von ihren Worten und ihrem Urteil abhängig. Wenn sie mich beachteten oder lobten, fühlte ich mich für eine kurze Zeit gut und bestätigt. Doch der Preis für diese seltenen Komplimente war zu hoch: Ich konnte mich in ihrer Gegenwart nicht frei bewegen, machte mich abhängig von ihnen und war ständig unter Druck, gute Leistung zu erbringen und mich zu beweisen.

Mein Gebet ist deshalb heute folgendes:

> Gott! Sei du der Vater, der mich lehrt, mich ermutigt und mich wie einen Sohn wertschätzt. Vergib mir, dass ich Menschen diese Aufgabe anhänge und mich auf ihr Urteil verlasse. Danke, dass du mich frei machst und mich annimmst!

Was ist der Motor unserer Taten?

Dunkle Täler öffnen uns die Augen für das eigene Fehlverhalten und weisen uns einen Weg in die Freiheit. So erging es auch Jakobs erster Frau Lea.

Lea war in Jakobs Augen wenig attraktiv. Sie war von ihrem Ehemann weder erwünscht noch wurde sie von ihm geliebt. Jakob schuftete sieben Jahre, weil er ihre Schwester Rahel heiraten wollte. Doch ihr Vater Laban schickte in der Hochzeitsnacht stattdessen Rahels ältere Schwester Lea zu ihm ins Zelt. Als Jakob Laban zur Rede stellte, gab er ihm schließlich auch noch seine jüngere Tochter Rahel zur Frau – allerdings erst, nachdem Jakob weitere sieben Jahre für ihn gearbeitet hatte. Am Ende hatte Jakob also zwei Frauen, von denen er nur eine liebte. Lea bekam von ihm keine Zuneigung.

Also erhoffte sie sich, seine Liebe durch ein gemeinsames Kind zu erlangen. Doch selbst, als sie Jakob einen Sohn gebar, schenkte der ihr keine Beachtung. Lea gab die Hoffnung nicht auf. Nachdem sie zwei weitere Söhne bekommen hatte, sagte sie: »Ganz sicher wird mein Mann mir jetzt seine Zuneigung schenken, denn ich habe ihm drei Söhne geboren!« (1. Mose 29,34).

Doch ihre Bemühungen blieben vergeblich. Sosehr sie auch um die Liebe Jakobs kämpfte, wurde sie stets von ihm abgewiesen. Aber Gott, der sah, dass Lea nicht geliebt wurde, er benutze diese Zeit des Leidens, um ihr Herz zu erobern. In ihrer vierten Schwangerschaft erkannte Lea schließlich, dass, auch wenn sich ihr Mann nicht um sie gekümmert hatte, sie von Gott umso mehr geliebt wurde. Die Situation war noch immer dieselbe wie zuvor. Doch ihre Sichtweise und ihr Herz waren verändert. Als sie ihren vierten Sohn gebar, hoffte sie nicht mehr auf Jakobs Anerkennung, sondern pries Gott.

Auch wenn wir manchmal denken, dass Gott unsere Gebete nicht hört oder uns nicht darauf antworten möchte, kümmert er sich doch um unsere tiefsten Sehnsüchte. Er tauscht unsere Feigenblätter liebevoll gegen sein Fell ein.

Jesus will nicht nur unsere Scham bedecken, sondern unsere leeren Herzen füllen und uns Würde geben. Er möchte uns heilen. Aber Heilung braucht Zeit. Sie geschieht nicht von heute auf morgen. Heilung ist ein Weg. Wir müssen dafür unsere Sichtweise und Gesinnung verändern und unsere Suche nach Leben neu ausrichten. Wir sind gezwungen, die Lügen in unserem Leben zu entlarven und durch Wahrheiten zu ersetzen. Genau das meint der Psalmist David, wenn er davon spricht, durch ein dunkles Tal zu gehen.

Unser Handeln ist immer die Folge unseres Denkens. Es ist ein Irrtum, dass unsere Handlungen durch Gefühle angetrieben werden. Es ist zwar richtig, dass die Gefühle der Motor unserer Taten sind. Doch die Gefühle selbst sind das Resultat unseres Denkens. Dabei spielt es keine Rolle, ob dieser Vorgang bewusst oder unbewusst geschieht.

Der österreichische Arzt und Psychotherapeut Alfred Adler schrieb: »Nicht die Tatsachen bestimmen unser Leben, sondern wie wir sie deuten.« Ähnlich drückte sich der US-amerikanische Psychologe und Psychotherapeut Albert Ellis aus: »Der Mensch geht irrtumsgemäß an eine Sache heran – das ist das Problem.«

Unsere Wahrnehmung des Lebens ist subjektiv. Wir handeln entsprechend der eigenen Interpretation unserer Geschichte und der äußeren Umständen. Da unsere Handlungen aber das Ergebnis unseres Denkens sind, müssen wir unsere festgefahrenen Bilder und Urteile über Gott revidieren, unsere Gedanken verändern und an der Wahrheit ausrichten.

Die Bibel drückt das folgendermaßen aus: Wenn wir die Wahrheit erkennen, macht die Wahrheit uns frei! (Johannes 8,32).

6. DER LANGE WEG VOM KOPF INS HERZ

Paulus ermutigt uns im Epheserbrief nachdrücklich, dass wir unseren »alten Menschen« mit all seinen trügerischen Begierden, die uns zugrunde richten, ablegen und unseren Geist und Sinn erneuern sollen. In Kapitel 4,24 (LUT) heißt es: »Zieht den neuen Menschen an, der nach Gott geschaffen ist in wahrer Gerechtigkeit und Heiligkeit.«

Niemand kommt zurück in die Beziehung zum Vater außer durch Jesus. Er ist die Wahrheit, die uns zum Leben führt. Wie Adam und Eva die Felle anlegten, so sollen wir ihn anziehen. Wir müssen uns seine Wahrheit überstreifen und uns von ihr umhüllen lassen.

Unser Fehlverhalten ist das Resultat unserer negativen Gefühle, die unseren fehlgeleiteten Gedanken entspringen. Der Kampf um unser Herz findet also in unseren Gedanken statt und schlägt sich in unseren Gefühlen nieder. Denn unsere Gefühle sind ein Spiegel unserer Gedanken. Unser Leben kann sich also erst ändern, wenn wir unsere Gedanken an der Wahrheit ausrichten.

Ich habe schon etliche Gespräche mit Menschen geführt, die nicht von ihren alten Gewohnheiten loskommen. Die meisten von ihnen wünschen sich nichts mehr, als frei zu sein und ihre Masken und Feigenblätter loszuwerden: Sie kämpfen gegen ihre Süchte und schlechten Angewohnheiten und nehmen sich gute Vorsätze. Doch sie versagen wieder und wieder und fühlen sich dadurch schlecht.

Ben trotzt den Elementen in Island (Foto: Marcel Hager)

Unterwegs in der Wildnis, frei von Ablenkung und sowohl körperlich als auch geistig gefordert, haben beispielsweise schon zahlreiche Männer ihren erfolglosen Kampf gegen ihren Pornografie-Konsum offengelegt. Obwohl die meisten von ihnen eine glückliche Ehe führen, verspüren sie immer wieder die Versuchung, ihre Sehnsucht bei einer unbekannten Frau im Netz zu stillen.

Ich fragte diese Männer, wie sie bisher versucht hatten, ihr Problem zu lösen. Die Antworten waren sich stets ähnlich: Internetfilter, Disziplin und ein Schuldeingeständnis gegenüber Freunden oder der Ehefrau. Doch Prävention, Selbstbeherrschung und Offenheit führten bei den wenigsten von ihnen zu einem dauerhaften Erfolg. Sie scheiterten ein ums andere Mal. Mit jedem Misserfolg erhöhte sich der Druck, der auf ihnen lastete. Schließlich hatten sie alle die Worte Jesu im Ohr, die er zur Ehebrecherin sagte: »Geh und sündige nicht mehr« (Johannes 8,11).

Wir werden unsere Süchte aber nur in den wenigsten Fällen dadurch besiegen, dass wir mit Zähnen und Klauen dagegen ankämpfen. Selbst wenn unsere Selbstdisziplin ausreichen würde, um unser Verlangen nach Befriedigung zu unterdrücken, so können wir dadurch nie die tiefer liegende Sehnsucht stillen. Wenn diese unbefriedigte Sehnsucht an einer Stelle nicht mehr zum Vorschein kommen kann, wird sie einfach an einem anderen Ort sichtbar werden.

Paulus sagt uns im Römerbrief, dass der Kampf gegen unsere Lust oder Leistung aussichtslos ist. Denn auf die Dauer zerbricht daran unser Herz (Römer 7,9-10). Es ist etwas, das tiefer in uns steckt. Wir können uns nicht einfach gegen die Sünde auflehnen. Wir können sie nicht in die Flucht schlagen. Unsere Bemühungen werden nur in Verzweiflung enden.

Doch wir Männer möchten unsere Sünden im Griff haben. Wir wünschen uns, sie zu beherrschen und sie zu bewältigen. Denn wir wollen uns ändern und Gott gefallen. Durch diese Versuche wählen wir aber immer wieder den Weg der Kontrolle, weil wir meinen, uns dadurch von unserer Schuld befreien und uns durch eigene Leistung letztendlich die Anerkennung Gottes verdienen zu können.

Vor einiger Zeit bekam ich einen Anruf von einem streng religiösen Geschäftsmann und Besitzer eines eigenen Immobilienbüros. Er war verheiratet und hatte drei Kinder. Wir verabredeten uns zu einem Treffen in einem Straßencafé. Dort erzählte er mir verzweifelt, dass er sich in seine neue Geschäftspartnerin verliebt habe. Ich fragte ihn, welche Emotionen diese Frau in ihm wecke. Zurückhaltend offenbarte er mir, dass sie in ihm eine starke Sehnsucht nach Freiheit auslöse. Er verurteilte sich durch seinen strengen Glauben jedoch sehr stark für diese Gefühle.

Die Einstellung dieses Mannes zum Leben war durch Regeln und Druck geprägt. Er war der Ansicht, dass er Gott nur durch das Einhalten biblischer Gesetze gefallen konnte, und trieb sich dadurch in ein Verhalten der religiösen Kontrolle. Er wollte sein Leben und seine Gefühle beherrschen. Seine Sehnsucht nach Anerkennung wurde dadurch jedoch nicht erfüllt. Im Gegenteil: Sie wurde durch all die Gesetze unterdrückt, denen er sich unterwarf, und kam nun mit gewaltiger Kraft an einem für ihn sehr ungünstigen Ort wieder zum Vorschein.

In den folgenden Gesprächen wurde dem Mann bewusst, dass seine neue Geschäftspartnerin nicht das Problem war. Sie war lediglich der Auslöser. Sie war wie ein Spiegel, der eine verborgene Sehnsucht in ihm aufzeigte: den Wunsch, endlich angenommen zu sein.

Als wir in unseren Gesprächen ein wenig tiefer drangen, fanden wir den Grund dafür in seiner frühsten Kindheit: Seine Mutter war damals krank und depressiv gewesen, wodurch er nie einen Zugang zu ihr gefunden hatte. Er fühlte sich verlassen und von Gott bestraft. Zuflucht suchte er, indem er viel in der Bibel las und betete. Er wollte Gott durch diese Leistung besänftigen, weil er das Gefühl hatte, dass Gott etwas gegen ihn hatte. Immer wieder sagte er sich: »Ich bin nicht in Ordnung, so wie ich bin. Wenn ich Gott gefallen will, muss ich etwas dafür tun.«

Diese Lüge war so tief in seinem Herzen verankert, dass es ihm sehr schwerfiel, die Wahrheit, dass Gott ihn längst angenommen hat, für sich in Anspruch zu nehmen. Ich fragte ihn, was sich für ihn ändern würde, wenn Gott gnädig und liebend wäre. »Wenn ich das glauben könnte, würde sich für mich alles ändern«, antwortete er.

Die einzige Hoffnung dieses Mannes bestand darin, zu verstehen, dass er schon geliebt war. Jesus hatte seinen Verlust und seine Angst bereits besiegt und bot ihm Anerkennung und Achtung an. Doch seine alten und vertrauten Lebensmuster aufzugeben und neue überzustreifen, kostete Mut und Zeit. Für diesen Geschäftsmann bedeutete es, dass er seinen Wunsch aufgeben musste, Gott durch Leistung gefallen zu wollen.

»Was bin ich doch für ein elender Mensch!«, beklagte Paulus diesen Kampf mit den fehlgeleiteten Sehnsüchten. »Wer wird mich von diesem Leben befreien, das von der Sünde beherrscht wird?« Doch Paulus wusste auch die Antwort auf diese Fragen: »Gott sei Dank: Jesus Christus, unser Herr!« (Römer 7,24-25).

Jesus hat den Preis für all unser Versagen, unsere Süchte, unser fehlgeleitetes Streben nach Lust und Leistung bezahlt. Wenn wir von all diesen Dingen frei sein wollen, müssen wir die Wahrheit suchen und unsere Gedanken erneuern. Es bringt uns nichts, wenn wir nur gegen die Sünde ankämpfen. Freiheit finden wir erst, wenn wir mit unserem ungestillten Verlangen nach Leben zu Gott kommen.

Satt vom Brot des Lebens

> Wer satt ist, dem schmeckt auch der Honig nach nichts, dem Hungrigen aber schmeckt sogar bittere Speise süß.
>
> Sprüche 27,7

Dieser Vers begegnete mir, als meine Beziehung zu Gisela in die Brüche ging und ich meinen immer wiederkehrenden Kampf austrug, meinen leeren Liebestank bei einer anderen Frau füllen zu wollen. Leer, ausgelaugt und auf der Suche nach Wertschätzung und Liebe versetzten mir fremde Schönheiten immer wieder einen Stich mitten ins Herz. Ich fühlte mich wie ein trockener Schwamm, der mit Wasser in Berührung kommen wollte, oder wie ein Hungriger, der sich nach etwas Essbarem sehnte. Mein starker Wille und meine Disziplin erlaubten es mir allerdings nicht, dass ich von fremden Quellen trank.

So konnte ich zwar meine Handlungen kontrollieren und mich beherrschen, doch meine innere Sehnsucht konnte ich dadurch nicht zum Schweigen bringen. In mir tobte das schlechte Gewissen. Ich wollte nicht untreu sein, nicht einmal mit meinen Augen, aber ich wollte geliebt sein. Mein Herz war hungrig und durstig.

Eines Tages stand ich in einer Bäckerei und betrachtete die vielen süßen Gebäcke und Torten in der Auslage. Lange überlegte ich mir, was ich mir kaufen sollte, doch ich konnte mich einfach nicht entscheiden. Plötzlich ging mir ein Gedanke durch den Kopf. *Wenn du satt wärst, würde dich keines dieser Gebäcke reizen.* Die Gebäckauslage war ein Gleichnis für mein Herz: Wenn mein Liebestank gefüllt gewesen wäre, hätte mich auch die größte Versuchung nicht mehr verlocken können.

Jesus sagt von sich selber: »Ich bin das Brot des Lebens. Wer zu mir kommt, wird nie wieder hungern. Wer an mich glaubt, wird nie wieder Durst haben« (Johannes 6,35).

Wir müssen unseren inneren Durst und Hunger nicht selber stillen. Stattdessen können wir ihn Jesus hinstrecken. Ihm dürfen wir unsere Sehnsüchte und Bedürfnisse offenbaren und im Austausch dafür seine befreiende Liebe annehmen.

Der Marathon vom Kopf zum Herz

Der längste Weg, den wir in unserem Leben gehen müssen, ist gerade einmal dreißig Zentimeter lang. Es ist der Weg vom Kopf zum Herz.

Wenn wir Hunderte Männer mit wenig Nahrung und schwerem Gepäck während vier Tagen durch raue und einsame Landschaften begleiten, dann nur aus diesem einen Grund: unser theoretisches Wissen in tiefen Glauben und unsere Religion in echtes Leben zu verwandeln. Unsere Reisen durch die Wildnis werden dadurch gleichzeitig Reisen vom Kopf zum Herz.

Der längste Weg, den wir in unserem Leben gehen müssen, ist der Weg vom Kopf zum Herz.

Die meisten der Männer, die an einem der Charakterwochenenden von »Der 4te Musketier« teilnehmen, kennen die Bibel und wissen einiges über Theologie. Sie glauben an einen Gott, der Himmel und Erde gemacht hat. Dennoch fällt es ihnen unglaublich schwer zu glauben, dass dieser Gott für sie persönlich erlebbar ist und wir uns seine Liebe nicht verdienen müssen. Einer dieser Männer, der an einem solchen Wochenende teilgenommen hat, schrieb mir anschließend die folgenden Worte:

»Der Knackpunkt für mich war bereits der erste Input: Ich musste nicht mehr alles Mögliche leisten, um endlich als Mann anerkannt zu werden. Stattdessen durfte ich begreifen, dass ich der Mann bin, den Gott geschaffen hat und den Gott als Mann anerkennt. Aus dieser Sicherheit darf ich all das weitergeben, was ich als Mann meiner Frau, unseren Söhnen, der Gemeinde, meinen Freunden und der Welt geben kann und soll. Im Kopf wusste ich das schon lange, doch erst jetzt habe ich es wirklich verstanden.«

Ein Mitarbeiter von mir namens Ben Stähli wurde einmal eingeladen, das internationale 4M-Team an einem Charakterwochenende für polnische Männer zu unterstützen. Eine der Herausforderungen, welche die vierzig Teilnehmer zu bewältigen hatten, war der sogenannte Jabbok-run. Die Aufgabe war an die Geschichte von Jakob aus der Bibel angelehnt.

Jakob war ein Betrüger gewesen, ein Mann, der sich seinen Weg ergaunert hatte. Jakob hatte bei der Geburt mit seiner Hand die Ferse seines Zwillingsbruders Esau umklammert, weil er als Erstgeborener auf die Welt kommen wollte, um den väterlichen Segen zu empfangen. Da ihm dies nicht gelungen war, überlistete Jakob als junger Mann seinen Bruder Esau und erschwindelte sich das Erstgeburtsrecht für einen Teller Linsensuppe. Später täuschte er seinen Vater, um den Segen, der eigentlich Esau zugestanden hätte, selbst zu bekommen. Als Esau hörte, dass sein Vater seinen Bruder Jakob gesegnet hatte statt ihn, wurde er zornig und beschloss, Jakob zu töten. Dieser flüchtete zu seinem Onkel Laban.

Hier holte Jakob schließlich seine eigene Geschichte ein. Denn Laban täuschte ihn und betrog ihn um seine Arbeit und seine zukünftige Frau. Im Laufe der Zeit bereute Jakob seinen betrügerischen Lebensstil und sehnte sich nach der Barmherzigkeit und Gnade Gottes. Schließlich zog er zurück in sein Herkunftsland und überquerte mit

Gruppe Zehn gemeinsam unterwegs durch das Schottische Highland (Foto: David Beyeler)

seiner ganzen Familie den Fluss Jabbok. An diesem Fluss griff ihn in der Nacht ein Mann an, und Jakob kämpfte mit ihm, bis die Morgenröte anbrach. Der Mann wollte weiterziehen, doch Jakob ließ ihn erst los, nachdem er von ihm gesegnet worden war (1. Mose 32).

Dieser Kampf Jakobs um den Segen Gottes diente als Vorbild für den Jabbok-run in den polnischen Bergen. Vierzig Männer liefen mitten im Bachbett gegen die Strömung und rangen mit Gott. Im Regen und kalten sechs Grad kämpften sie mit Gott, mit der Wahrheit und mit den Lügen in ihrem Leben. Während sie sich über glitschige Steine einen Weg durch den Bergbach bahnten und teilweise brusttief im Wasser standen, rangen sie um Antworten. Männer, die zuvor ihren Glauben einzig durch Leistung definierten, kämpften durchnässt, schlotternd und mit stählernem Willen um die Wahrheit und erlebten in diesem eiskalten Wasser schließlich Gottes Gegenwart. Wie Jakob suchten sie Segen und fanden ihn.

Wenn wir Gott begegnen, wird Wissen zu persönlichem Glauben. Wir müssen die Wahrheit erst erleben, bevor wir sie leben können. Wir müssen Gott suchen und mit ihm streiten, um am Ende wie Hiob sagen zu können: »Bisher kannte ich dich nur vom Hörensagen, doch jetzt habe ich dich mit eigenen Augen gesehen« (Hiob 42,5).

Wir dürfen mutig sein, uns auf den Weg machen und die Wahrheit suchen – nicht nur auf eine theoretische Art und Weise. Wir sind berechtigt, uns nach Erlebnissen und Begegnungen mit Gott auszustrecken. Wir dürfen unser Herz offen und ehrlich Gott hinstrecken und mit ihm ringen, bis die Wahrheit endlich in unser Herz sinken kann.

Gott von der Staffelei nehmen

Patrick hatte sich nicht ohne Überwindung auf ein Erlebnis mit Gott eingelassen und sich für ein Charakterwochenende in Schottland angemeldet. »Ich wusste, dass es körperlich für mich eine riesige Herausforderung werden würde«, erzählte er mir nach dem Wochenende. »Ich wehrte mich mit Händen und Füßen gegen diese Tour. Trotzdem fühlte ich mich gerufen, mich meinem inneren Konflikt zu stellen. Ich habe erneut erkannt, dass ich ein ausgesprochener Kopfmensch bin«, gestand er. »Alles musste immer klar fassbar und logisch sein.«

Am Ende bereute Patrick seinen Entschluss, am Charakterwochenende teilzunehmen, nicht: »Ich bin überwältigt und dankbar, wie ich Gottes Liebe und Barmherzigkeit erleben durfte. Wie die Auf- und Abstiege durch das Hochland möchte ich mich Schritt für Schritt von den Fesseln meiner Gedanken lösen.«

Leider scheuen sich viele Männer davor, diesen Weg zu beschreiten und die Wahrheit zu suchen. Ein Weg ist schließlich ein Weg. Es ist nicht nur ein Schritt. Denn Veränderung geschieht nicht über Nacht.

Auch ich liebe es, wenn etwas schnell geschieht. Noch besser ist es, wenn ich mich dafür noch nicht einmal anstrengen muss: Füße auf den Tisch, Flimmerkiste an und eine Pizza liefern lassen. Wenn nun die Bibel davon spricht, dass wir Geduld benötigen, dann klingt das häufig zunächst sehr fremd für uns. Wir sind es nicht mehr gewohnt, zu warten, um eine Sache zu kämpfen oder etwas hartnäckig zu suchen.

Es fällt uns oft schwer, jahrelange Überzeugungen und Lebensentwürfe loszulassen und uns Gott hinzugeben, weil unser Bild von Gott häufig verfälscht ist. Viele von uns haben schlechte Erfahrungen in der Kirche gemacht, sind unter dem Deckmantel des christlichen Glaubens ihrer Freiheit beraubt worden oder bekamen Gott als strafenden und abwesenden Vater vermittelt. Daher kennen wir Gott nicht so, wie er wirklich ist. Das ist das eigentliche Problem der ganzen Menschheitsgeschichte.

Wir müssen deshalb unser altes Gottesbild von der Staffelei nehmen und eine neue Leinwand über den Rahmen spannen. Gott selbst bietet uns die Farben an, mit denen wir unser Bild vom Leben, von ihm und von der Wahrheit neu und schöner gestalten können. Doch dieser Prozess braucht Zeit. Ein Künstler malt oft Jahre an einem Bild. Er fertigt sein Werk Schicht um Schicht an und lässt es anschließend eine Zeit ruhen, ehe er es erneut korrigiert. Für diesen Prozess ist Geduld und Hingabe erforderlich.

Gott selbst bietet uns die Farben an, mit denen wir unser Bild vom Leben, von ihm und von der Wahrheit neu und schöner gestalten können.

Ein Mann, der sein Bild von Gott von Grund auf erneuerte, war Lukas. Er meldete sich für eine Coaching-Tour von »From Survive to Life« an. Die Reise bestand aus einer sechstägigen Trekking-Tour von Santa Maria Navarrese entlang der wilden und naturbelassenen sardischen Steilküste des »Golfo di Orosei« bis nach Cala Gonone. Die Route verlief teilweise direkt am Strand entlang, teilweise auf einer Höhe von über 700 Metern über dem Meer. Die Trekking-Tour galt als eine der anspruchsvollsten Europas: Sie bestand zum größten

Teil aus weglosem Gelände und wurde immer wieder von anspruchsvollen Kletter- und Abseilpassagen unterbrochen. Eine weitere Herausforderung bestand für uns darin, in diesem Gelände Trinkwasser zu finden. Um lebendig am anderen Ende dieser trockenen Gegend herauszukommen, mussten wir täglich aus den wenigen schmutzigen Tümpeln Wasser filtern und abfüllen.

Ben und ich genießen einen kurzen Power Nap

Lukas wollte sich während dieser Tour Gedanken über seine Fähigkeiten und seine Zukunft machen. Was sollte er tun? Wohin ging sein Weg? Sein Ziel war es, sich mit diesen Fragen auseinanderzusetzen.

Das Schicksal wollte es, dass an dieser Reise mit Ausnahme von ihm ausschließlich Christen teilnahmen. Die Gespräche am abendlichen Lagerfeuer drehten sich deshalb häufig um Gott. Lukas erzählte, dass er bisher viele schlechte Erfahrungen sowohl mit dem Glauben als auch mit Gläubigen gemacht habe und immer wieder enttäuscht worden sei. Doch diese Woche in der Wildnis, die gemeinsamen Abenteuer und die vielen offenen Gespräche begannen, an seinem festgelegten Urteil über Gott und an seinem Weltbild zu rütteln.

Ein halbes Jahr später meldete sich Lukas für eine zweite Coaching-Tour an. Diese führte uns in die raue Berglandschaft im Norden Schwedens. Es regnete die ganze Woche und der Wind peitschte uns kalte Luft ins Gesicht. Wir überschritten eine Hochebene und folgten einem Flusslauf, während Lukas mir erzählte, dass ihn nichts glücklich mache. Er hatte eine berufliche Karriere eingeschlagen, die seinen Fähigkeiten und Träumen entsprach, investierte sich in seine Beziehung und bemühte sich, ein guter Partner zu sein. Doch innerlich fühlte er sich leerer denn je.

Im Gegensatz zu unserer Arbeit mit »Der 4te Musketier« konfrontieren wir bei »From Survive to Life« unsere Teilnehmer für gewöhnlich nicht mit ihrem Glauben an Gott. Wir begleiten Menschen in ihrer Persönlichkeitsentwicklung und helfen ihnen, ihre Talente zu entdecken und eine Vision zu gestalten, die ihrem Weg eine Richtung gibt. Doch bei Lukas konnte ich nicht einfach auf meinem Mund sitzen. Ich spürte, dass er sich nach mehr sehnte. Deshalb sagte ich, nachdem wir eine Weile nebeneinander hergegangen waren: »Lukas, ich glaube, was dir fehlt, ist eine echte Beziehung mit Gott.«

Lukas blieb einen Moment still und fragte dann, wie er diese Beziehung mit Gott beginnen konnte. Ich erklärte ihm, dass er einfach mit ihm reden könne. Lukas bat mich schließlich, mit ihm zu beten. Irgendwo in Lappland, an einem der abgelegensten Flecken der Welt, knieten wir zusammen nieder, und Lukas öffnete Jesus sein Herz.

Es war der richtige Zeitpunkt gewesen. Lukas schlug in diesem Moment einen neuen Weg ein, der von ihm eine große Portion Mut erforderte. Doch er ließ sich darauf ein, sein Bild von Gott neu zu malen und Gott als Vater zu entdecken und kennenzulernen. Und so kitschig es klingt, teilten sich in diesem Moment die Wolken, und ein Sonnenstrahl schien auf uns herunter.

7. DIE KRAFT DES GLAUBENS: WIE WIR EIN LICHT FÜR ANDERE WERDEN

In dem Jahr, in welchem meine Beziehung mit Gisela endgültig verloren schien, rüttelte Gott an meinem Welt- und Gottesbild. Ich wusste, dass ich mich entscheiden musste: Wendete ich mich Gott zu oder flüchtete ich vor ihm?

In meinen Gedanken und Träumen hatte mich schon seit Jahren das Bild eines Leuchtturms begleitet, das meine Beziehung mit Gisela symbolisierte. Wie ein Gebäude auf felsigem Grund sollte unsere Partnerschaft aus den Persönlichkeiten, Fähigkeiten und Charaktereigenschaften zweier Menschen gebildet sein, die sich wertschätzten, gegenseitig ergänzten und miteinander ein Licht und eine Hilfe für andere sein konnten.

Als unsere Beziehung jedoch zerbrach, wurde mir bewusst, dass wir unseren Leuchtturm nicht auf festem Boden gebaut hatten. Immer wieder fielen die Steine auseinander. Und nun schien es so, als ob unsere Beziehung endgültig zerstört war. Wir hatten unser Haus auf sandigem Boden gebaut. Ich musste also einen Weg finden, der mich vom Strand weg und auf den Felsen führte. Ich musste meine Identität und Bedeutung in Gott verankern.

Lange war ich der Überzeugung, dass ich dieses feste Fundament erreichen würde, indem ich mehr betete und ab und zu fastete. Ich war mir sicher, dass sich die Wege von Gisela und mir wieder treffen würden, wenn mein Glaube nur groß genug wäre und ich nicht mehr an Gott zweifeln würde.

Also schrie ich täglich zu Gott und suchte ihn aus tiefster Seele. Zum einen war ich einfach nur verzweifelt, zum anderen wollte ich mehr Glauben bekommen. Ich dachte, dass mich Gott erst wieder beschenken würde, wenn mein Vertrauen zu ihm groß genug war.

Diese Denkart der »frommen Leistung« beeinflusste mich unter anderem aufgrund eines Ereignisses, das ich zwei Jahre zuvor erlebt habe. Ich war mit einer kleinen Gruppe nach Indien für einen Missionseinsatz gereist. Das Missionieren war dabei gar nicht mein Ziel, ich wollte lediglich einmal wegkommen, um Gott aus einer anderen Perspektive zu erleben und ihm die tausend Fragen zu stellen, die ich in meinem Kopf hatte. Ich dachte mir, dass Gott in Indien vielleicht leichter zu erreichen war als in der Schweiz.

In Indien angekommen, erlebte ich zunächst einmal einen Kulturschock: Das Chaos auf den vollgestopften Straßen war mir genauso fremd wie die Unordnung vor den Häusern, die exotischen Gerüche, die in der Luft lagen, und die Menschen, die in einer mir unverständlichen Sprache kommunizierten. Auch das Verhalten der Inder erstaunte und verwirrte mich immer wieder: Wenn sie »Ja« sagten, schüttelten sie den Kopf; wenn sie sagten, sie würden bald kommen, war das eine Äußerung von der Art, wenn Paulus sagt, dass Christus bald kommen würde.

Eines Abends besuchten wir eine Hindu-Familie. Begleitet wurden wir von einem lokalen Pastor, der die Fragen meiner Freunde vom Englischen in die Sprache der Hindu-Familie übersetzte. Da ich damals außer der deutschen keine andere Sprache beherrschte, blieb mir nichts anderes übrig, als meinen Chai zu trinken und verständnislos an die Wand zu starren. Während ich so dasaß und die Wand vor mir fixierte, las ich die folgenden Worte, die jemand auf Deutsch an die Wand geschrieben hatte: »Alle Dinge sind möglich dem, der da glaubt« (Markus, 9,23; LUT).

Gott hat sich mir immer wieder offenbart, wenn ich ihn gesucht habe. In Indien zeigte er sich mir durch eine Schrift an der Wand. Ich war ermutigt und überwältigt, fühlte mich bestätigt und voller Zuversicht: *Dem, der glaubt, ist alles möglich!* Ich war der Überzeugung, dass ich nur genug glauben müsse, damit meine Beziehung mit Gisela wieder aufblühen würde.

Was ich allerdings erst später verstand, war, dass die Kraft zur Veränderung nicht aus dem Glauben selbst kommt, sondern aus Gott. Dem, der glaubt, werden alle Dinge möglich, weil er sich Gott hingibt und seine eigenen, auf Leistung gegründeten Bemühungen, das Leben zu finden, loslässt. Durch Gott ist alles möglich, nicht durch den Glauben per se – ein kleiner Unterschied mit großer Wirkung. Unser Glaube öffnet nur die Tür. Durch den Glauben alleine kann ich keine Dinge erzwingen. Ich kann sie mir nicht dadurch verdienen, dass mein Glaube groß genug ist. Der Glaube öffnet nur meine Augen und mein Herz, um das zu sehen und zu erleben, was Gott tun möchte.

Mein falsches Verständnis von Glauben und die daraus resultierenden Anstrengungen, Gott zu gefallen, um meine Beziehung retten zu können, ließen mich verzweifeln und Gott anklagen. Eines Tages war ich so entmutigt, dass ich nicht mehr arbeiten konnte. Meine Gedanken waren verwirrt und mein Herz schwer. Ich musste alleine sein. Deshalb nahm ich mir den Rest des Tages frei und wanderte durch einen dichten Wald auf einen Hügel. Oben angekommen, bot sich vor mir eine wunderschöne Aussicht auf die Alpen. Meine Aufmerksamkeit wurde jedoch schon bald vom Panorama vor mir weg und auf ein Baumhaus gelenkt, das jemand hoch oben in die Äste eines massiven Baumes gebaut hat. Ohne lange zu überlegen, kletterte ich den Stamm hinauf, setzte mich auf die hölzerne Plattform und nahm meine Bibel hervor, um darin zu forschen. Auf einmal sah ich einen Mann, der unter mir auf der Wiese stand und zu mir hochblickte. »Hast du dieses Haus gebaut?«, fragte er mich. Ich verneinte. »Von Weitem habe ich dieses Baumhaus gesehen. Es ist sehr schön«, sagte er mit Bewunderung. Und so überraschend, wie er aufgetaucht war, verschwand er auch wieder.

Ich fühlte mich ertappt. Überführt. Ich hatte keine Ahnung, wer dieser Mann war. Aber etwas hatte direkt in mein Herz gesprochen. Nicht ich war es, der mein Beziehungshaus durch meinen Glauben oder meine eigenen Anstrengungen bauen konnte – das konnte nur Gott. Erst mit seiner Liebe war es möglich, ein stabiles Beziehungshaus – unseren Leuchtturm – zu bauen.

Meine Beziehung mit Gisela zerbrach nicht, weil Gott das so gewollt hatte. Sie zerbrach an den Anforderungen, die ich an meine Freundin stellte. Doch als die Beziehung in die Brüche ging, verlor ich damit das falsche Fundament, auf dem ich mein Leben aufgebaut hatte. Erst dieser Zustand ermöglichte es mir, in meiner Nacktheit, meinem Zerbruch, mit meinen Selbstzweifeln und Identitätsfragen zu Gott zu kommen und meinen Glauben an Jesus zu erneuern.

Wenn Jesus an dich glaubt

Entscheidend ist nicht, ob wir genügend an Jesus glauben. Von Bedeutung ist vielmehr, dass wir verstehen, dass Jesus an uns glaubt!

Dieser Gedanke revolutionierte meine Sichtweise und veränderte meine Wahrnehmung.

Jesus glaubt an mich. Er ist stolz auf mich!

Ich kann seine Liebe nicht verdienen. Ich kann mich ihr nur öffnen. Sie suchen. Doch weder durch meine Suche noch durch meinen Glauben kann ich mir Gottes Anerkennung verdienen. Die Suche und der Glaube sind lediglich der Weg, wie wir Gottes bereits vorhandene Liebe in Anspruch nehmen können. Seine Liebe ist da. Sie steht uns zur Verfügung. Das Fell steht bereit, mit dem wir unsere Scham überdecken und unsere Würde zurückerlangen können. Gott zieht uns dieses Fell an, wenn wir ihn lassen. Wenn wir uns nach ihm ausstrecken und seiner Stimme lauschen, erfahren wir, was Gott von uns denkt.

Entscheidend ist nicht, ob wir genügend an Jesus glauben. Von Bedeutung ist vielmehr, dass wir verstehen, dass Jesus an uns glaubt!

Gottes Meinung über mich hat mehr Gewicht als alle meine Selbstzweifel. Es ist seine Stimme, die mich aufbaut und mir immer wieder die richtige Sicht gibt, wenn ich in Not bin, Fehler mache oder mich unsicher fühle.

Während meiner Zeit als Pastor bekam ich einmal die Gelegenheit, als Gastreferent in einer großen Kirche zu predigen. Ich war nervös. Meine Zweifel an mir selbst und meinen Fähigkeiten drückten wie eine gefüllte Mülltonne auf meine Magengegend. Einen Tag vor meinem Auftritt ging ich daher spazieren, um meinen Kopf zu durchlüften. Dabei kam ich an einer Pferdewiese vorbei. Als ich da so stand, meinen Gedanken freien Lauf ließ und auf die Wiese starrte, galoppierte ein schwarzer Hengst in seiner ganzen Kraft und Majestät an mir vorbei. Die definierten Beinmuskeln, das tiefschwarze Fell und die Wildheit dieses Tieres berührten mein Herz. Der Wind in seiner Mähne und seine beeindruckende, würdevolle und unerschrockene Erscheinung weckten in mir die Sehnsucht, ebenso wild und stark zu sein, wie dieser Hengst es war. Vorsichtig und ganz leise fragte ich Gott, ob er mich nicht auch so sehen konnte.

Als ich schließlich am Sonntagabend kurz vor Beginn meiner Predigt unruhig in der ersten Reihe saß, drehten sich in meinem Kopf die

Gedanken wie in einem Karussell. *Du hast nichts zu sagen! Du wirst den Anforderungen nicht genügen! Weshalb gehst du überhaupt auf die Bühne?* Riefen sie. Da nahm ich eine sanfte Stimme wahr, die mich dazu drängte, meinen Blick zu senken und mein T-Shirt zu betrachten. Ich blickte an mir herunter und entdeckte ein schwarzes Pferd, das auf mein T-Shirt gedruckt war – ja ich hatte tatsächlich ein Pferde-T-Shirt an. In diesem Moment hörte ich Gottes Stimme klar und deutlich. Er feuerte mich an: »Geh auf diese Bühne. In meinen Augen bist du ein starker, wilder und freier Hengst. Ich glaube an dich.«

Diese Worte drangen tief in mein Herz und setzten in mir neuen Mut und neue Kraft frei. Es waren die Worte eines liebenden Vaters, die ich auch heute noch immer und immer wieder hören muss. Ich brauchte sie damals wie heute. Es sind Worte des Lebens.

Ich bin davon überzeugt, dass uns Gott immer wieder offenbaren und bestätigen will, was er über uns denkt und wie er uns sieht. Alles, was wir dafür tun müssen, ist, ihn danach zu fragen und uns die Zeit zu nehmen, auf seine Stimme zu hören.

Nicht immer ist mir aber so klar, was Gott mir sagen will, wie an diesem Sonntagabend. Manchmal verstehe ich Gott auch falsch. Das passierte mir zum Beispiel in unseren letzten Sommerferien. Wir fuhren nach Frankreich, wo die Familie meiner Frau im Burgund inmitten von Weinbergen und Weideland eine alte Scheune mit einem verwilderten Garten besitzt. Als ich mich eines Morgens auf eine alte Steinmauer setzte, um seit längerer Zeit wieder einmal in meiner Bibel zu lesen, blieben meine Augen plötzlich an einem Vers hängen: »Vermag sich auch eine Axt zu rühmen wider den, der damit haut, oder eine Säge großzutun wider den, der sie zieht?« (Jesaja 10,15; LUT). Mein erster Gedanke war: Gott tadelt mich. Das ist eine Warnung. Pass auf, dass du nicht stolz wirst! Der, der die Axt haut und die Säge zieht, ist groß. Die Axt und die Säge sind nur Werkzeuge. So, wie ich die Textstelle auslegte, machte mich der Vers klein, ermahnte mich und war nicht sehr ermutigend.

Einige Tage später, als ich während eines Spaziergangs meinen Gedanken nachhing, sah ich vor meinem inneren Auge wieder diese Axt. Doch auf einmal war es, als wenn Gott zu mir sagte: *Es geht nicht darum, dass ich groß bin und du klein bist. Was ich dir sagen möchte, ist: Du bist eine Axt! Ich nehme dich in meine Hände, und gemeinsam fällen wir Bäume.*

Ich darf eine Axt sein!

In Gottes Augen bin ich wertvoll.

Ich bin zu etwas zu gebrauchen. Gefährlich. Scharf. Männlich.

Ein scheinbarer Tadel verwandelte sich in eine persönliche Wertschätzung.

Ich durfte in meinem bisherigen Leben bereits viele Begegnungen, Prophetien und Ermutigungen erfahren. Da ich unglaublich vergesslich bin, versuche ich, Ereignisse wie diese in meinem sogenannten »Erlebnisbuch« zu notieren, damit ich in schwierigen Momenten mein Gedächtnis auffrischen kann. Diese Texte geben mir neue Energie, wenn ich entmutigt bin.

Eines der Ereignisse war der Besuch eines Seminars zum Thema »Wie erleben wir Gott im Beruf?«. Ich war zu dieser Zeit ausgebrannt und erhoffte mir, durch dieses Seminar neue Energie und göttliche Kraft für unsere Arbeit mit »From Survive to Life« und »Der 4te Musketier« zu gewinnen. Ich ging mit großen Erwartungen zu dieser Veranstaltung. Doch schon nach wenigen Stunden war ich enttäuscht. Inhaltlich bot mir das Seminar nichts Neues. Also packte ich mein Jackett und versuchte, leise aufzustehen. Zu meinem Pech befand ich mich jedoch in der zweitvordersten Reihe eines bis zum letzten Sitzplatz gefüllten Raums. Als der Referent bemerkte, dass ich mich davonschleichen wollte, unterbrach er seinen Vortrag, zeigte auf mich und fragte, wie ich hieße. »Mist! Erwischt!«, dachte ich mir. Doch statt mich zu ermahnen, sagte er nur: »Ich sehe dich wie Alexander den Großen. Du wirst viel erreichen. Achte darauf, dass du gute Freunde an deiner Seite hast.«

Woher hatte er das gewusst? Genau diese Worte hatte ich in diesem Moment gebraucht. Ich musste hören, dass ich etwas erreichen kann und darf. Darüber hinaus hatte Gott mir durch diesen Mann auch die Frage beantwortet, wie ich es erreichen konnte – mit guten Freunden.

Diese Geschichten von Zeit zu Zeit wieder zu lesen, tut gut. Doch sie sind schnelle Kalorien. Ich kann mich nicht nur von vergangenen Erlebnissen »ernähren«. Langfristig muss ich, weil ich es brauche, meine inneren Ohren immer wieder erneut auf die Zusprüche des Vaters ausrichten und ihn suchen. Tag für Tag. Weil es guttut. Die Zeit mit dem Vater stärkt den Sohn. Die Zusprüche und Ermutigungen Gottes sind das, was meine Seele nötig hat.

Geliebt, um zu lieben

Wenn wir erkennen, was Gott über uns denkt, macht unser Leben eine Kehrtwendung. Die Verwurzelung in der Wahrheit führt dazu, dass wir zu Menschen werden, die fähig sind, Liebe zu geben, statt dauernd nach Liebe und Bestätigung zu suchen.

Wenn Gott das Feigenblatt abnimmt, dann gleicht dies einem Weinbauer, der die Rebe schneidet und die dörren, unfruchtbaren Zweige wegwirft, damit die Rebe zahlreiche und gesunde Früchte tragen kann. Gott nimmt uns nur deshalb etwas weg, weil er uns etwas Besseres anbietet. Wenn uns die Feigenblätter in unserem Leben nicht mehr weiterbringen und wir verzweifelt und nackt nach Schutz suchen, führt Gott uns zu unserem eigenen Herzen.

Gott möchte unser ganzes Vertrauen. Er lässt die falschen Quellen in unserem Leben versiegen, damit wir von seiner Quelle trinken.

> Gesegnet aber ist der Mann, der sich auf den Herrn verlässt und dessen Zuversicht der Herr ist. Der ist wie ein Baum, am Wasser gepflanzt, der seine Wurzeln zum Bach hin streckt. Denn obwohl die Hitze kommt, fürchtet er sich doch nicht, son-

dern seine Blätter bleiben grün; und er sorgt sich nicht, wenn ein dürres Jahr kommt, sondern bringt ohne Aufhören Früchte.

Jeremia 17,7-8 (LUT)

Gott nimmt uns nicht die Hitze des Tages. Stattdessen führt er uns von den falschen Gewässern weg, damit wir unsere Wurzeln nach dem wahren Leben ausstrecken. Der US-amerikanische Theologe und Pastor Gary L. Thomas schreibt sehr passend: »Der christliche Glaube ruft uns nicht auf, den Richtigen [oder das Richtige] zu finden, sondern selber der Richtige zu werden.«

Gott möchte, dass wir die Wahrheit über ihn und über uns selber entdecken. Er möchte uns zu den Männern machen, die wir in seinen Augen sind: unrasiert, ehrlich und echt. Verwurzelt und geerdet. Selbstbewusst und liebevoll. Stark und verantwortungsbewusst.

Seine Liebe veränderte nach und nach die Gedanken, die ich über mich selbst, das Leben und meine Bedeutung hatte. Sie ebnete mir den Weg, immer mehr ich selbst zu sein und mich anzunehmen. Dadurch ließen die überhöhten Erwartungen nach, die ich an meine Mitmenschen stellte, und ich wurde fähig, anderen Menschen meine Liebe anzubieten.

Gott möchte uns zu den Männern machen, die wir in seinen Augen sind: unrasiert, ehrlich und echt.

Diese Veränderungen in meinem Leben blieben nicht unbemerkt. Nicht nur meinen Freunden fiel dieser Wandel auf, sondern auch Gisela. Obwohl wir uns nach unserer Trennung praktisch nicht mehr sahen, hörte sie Gutes über mich. Die Tatsache, dass ich ein Mann wurde, meinen eigenen Weg fand und selbstbewusster auftrat, löste ein Kribbeln in ihrem Magen aus.

Ich wusste in dieser Zeit noch nichts von ihren Gefühlen. Ich ahnte nicht, dass sie meine Veränderungen aus der Distanz beobachtete und wahrnahm. Ich hatte auch keine Ahnung, wie und ob es mit uns beiden weitergehen würde. Ich war nun seit bald einem Jahr allein und hatte den Entschluss gefasst, dieses Jahr gebührend mit einem Solo-Trip durch Australien abzuschließen. Mit einem vierwöchigen Road Trip am anderen Ende der Welt wollte ich mir selber beweisen, dass ich mit mir alleine klarkommen und Abenteuer bestehen konnte.

Vier Tage bevor ich in mein Abenteuer starten wollte, klingelte es an der Tür. Ich traute meinen Augen nicht, als ich durch den Türspion spähte. Auf der anderen Seite der Tür stand mit erwartungsvoll funkelnden Augen Gisela. Ich merkte ziemlich schnell, dass nicht nur ich mich in dieser Zeit verändert hatte, sondern auch sie selbstbewusster und reifer geworden war. Bis spät in die Nacht sprachen wir über unsere Geschichte, lachten herzlich und haben uns schließlich versöhnt. Am Ende des Abends ging ich vor ihr auf die Knie und stellte ihr die eine große Frage: »Willst du meine Frau werden?« Ich bat sie, sich die Frage gut zu überlegen und mir die Antwort – ein Ja oder ein Nein für immer – erst nach meiner Rückkehr zu geben.

Das sollte sich als eine meiner weniger guten Ideen herausstellen. Dass ich sie darum gebeten hatte, mir die Antwort erst in einem Monat zu geben, führte dazu, dass ich mit Liebeskummer und einem unruhigen Herzen auf die andere Seite der Weltkugel flog.

In Australien angekommen, besuchte ich zunächst für einige Tage meine Patin in Adelaide. Von ihr borgte ich mir einen alten, rostigen und verbeulten Mazda für meinen Road Trip. Meine Route führte mich die Great Ocean Road entlang bis nach Sydney und von dort durch das Landesinnere wieder zurück nach Adelaide: fünftausend Kilometer voller Erlebnisse, Gefahren und Herausforderungen. Auf der Jagd nach eindrücklichen Bildern trat ich um ein Haar auf eine Blacksnake – eine der giftigsten Schlangen Australiens – und kassierte beinahe einen Boxhieb von einem wilden Känguru. Doch nicht nur die wilden Tiere, auch der alte Mazda ließ mein Adrenalin ab und zu in die Höhe schnellen: Als ich auf der Suche nach der Weite der roten Wüste mit meiner Rostbeule kilometerweit durch den roten Sand geholpert war, fuhr mein Wagen plötzlich nur noch im Schritttempo. Mitten in der Abgeschiedenheit der australischen Wüste wurde die Weiterfahrt zum nächsten, mehrere Kilometer entfernten Dorf zu einer sehr nervenaufreibenden Reise.

Die Abenteuer, Erlebnisse, Gefahren und die Herausforderung, mit der Einsamkeit in einem fremden Land klarzukommen, haben meine Beziehung zu Gott gestärkt und meine Sicht über mich selbst verändert. In diesen Wochen hatte ich sehr viel Zeit, um zu beten, mit Gott zu diskutieren und über die Wunder der Schöpfung zu staunen. Auf meiner eigenen Reise zu einer gestärkten Männlichkeit und meiner Bedeutung waren diese Wochen eine Initiation von Gott. Ein würdiger Abschluss eines Jahres, in dem ich mich mit meiner Identität und meinem Fundament auseinandergesetzt habe. Doch der Höhepunkt kam erst noch.

Als ich eines Morgens kurz nach dem Aufstehen die Bibel nach dem Zufallsprinzip irgendwo aufschlug, sprang mir der folgende Vers ins Auge:

> Höre, Israel, du wirst heute über den Jordan gehen, damit du hineinkommst, das Land der Völker einzunehmen, die größer und stärker sind als du, große Städte, ummauert bis an den Himmel (...) So sollst du nun heute wissen, dass der Herr, dein Gott, vor dir hergeht (...)
>
> 5. Mose 9,1.3 (LUT)

Ich ahnte an diesem Morgen noch nicht, dass diese Zeilen eine neue Ära in meinem Leben einläuten würden. Doch den ganzen Tag über wurde ich das Gefühl nicht los, dass mir Gott durch diesen Vers etwas sagen wollte. Als ich am Abend in einem verschlafenen Kaff mit dem Namen »Waga Waga« ankam, blickte ich auf mein Mobiltelefon und sah, dass ich eine Nachricht von Gisela bekommen hatte. Sie bat mich darum, sie anzurufen. Ich eilte zur nächsten Telefonkabine und wählte ihre Nummer. Zögernd und mit leiser Stimme begann Gisela unser Gespräch. Panik stieg in mir hoch. Ich hatte Angst, dass sie meinen Antrag noch vor meiner Rückkehr ablehnen wollte. Doch stattdessen gab sie mir die Antwort, auf die ich schon seit Jahren gewartet hatte:

»Ich will dich heiraten.«

Ich wusste in diesem Moment nicht, ob ich weinen oder lachen sollte. Doch eines war mir klar geworden: Gott meinte es gut mit mir, selbst wenn es länger dauerte, als ich es mir gewünscht hatte. Ich schritt an diesem Tag über meinen Jordan. Meine Wüstenwanderung war vorbei.

Doch damit ist die Geschichte noch nicht zu Ende. Unser verheißenes Land ist nicht das Ziel unserer Reise. Es ist der Anfang, der Beginn einer neuen Welt. Es ist der Ort, an dem wir beginnen, endlich dem richtigen Weg zu folgen. Die Überquerung des Jordans ist unsere Entscheidung, aus Gott zu leben und mit ihm die Welt zu erneuern. Anstatt unser Verlangen an Quellen wie Geld, Macht oder Sex zu stillen und darin unsere Bestätigung und Wertschätzung zu suchen, haben wir gelernt, aus der Kraft und Wahrheit des Vaters zu leben.

Seine Worte verändern unser Leben. Wir werden zu einem Kanal, der die Liebe Gottes in die Welt trägt.

Am Anfang des Kapitels habe ich dir von meinem Bild erzählt, das ich von meiner Beziehung mit Gisela hatte: das Bild eines Leuchtturms.

Ein Leuchtturm ist mehr als bloß ein stabiler Turm. Seine Aufgabe ist es, Schiffe zu warnen und ihnen einen Weg zu weisen. Er bringt Licht in die Finsternis und dient einer höheren Sache.

Auch ein Mann, der wiederhergestellt wird, dient einer höheren Sache. Er ist geschaffen, um am göttlichen Wiederherstellungsplan der Schöpfung teilzunehmen.

Er ist geliebt und bedeutend, um andere zu lieben und ihnen eine Bedeutung zu geben.

8. MÄNNLICHE IDENTITÄT: ICH BIN UND ICH TUE

Als Gott die ersten Menschen in ihrem Versteck aufsuchte, nach ihnen rief und ihnen das Feigenblatt durch ein Fell ersetzte, machte er das aus einem Grund: damit sie wieder sein Ebenbild werden.

Gott begegnet uns Menschen, um uns in unsere wahre Bestimmung zu führen:

Geliebt, um zu lieben.
Befreit, um zu befreien.
Gesegnet, um zu segnen.

Durch Wüsten-Erfahrungen und dunkle Täler wird Gott persönlich und erlebbar. Er offenbart sich uns und stärkt unseren Glauben an ihn und an uns selbst.

Teil 1: Ich bin

So erging es auch Mose. Von einem Tag auf den anderen wurde er ein einfacher Schafhirte und konnte nicht mehr die Vorzüge eines Lebens als Sohn des Pharaos genießen. Vierzig Jahre lang lebte er in der Wüste im Exil, zweifelte an Gott und an sich selbst. Doch in der Wüste begegnete ihm Gott. Am Berg Horeb – am selben Ort, an dem sich Gott später auch Elia zeigte – offenbarte er sich Mose und schuf einen Neuanfang. Er sprach mit ihm über seine Identität und seinen Auftrag, seine Bestimmung und Berufung.

In all seinen Zweifeln und Fragen gab Gott sich Mose zu erkennen und sagte von sich:

Ich bin, der ich bin.

Ich liebe diese Aussage über die Persönlichkeit Gottes. Sie ist gleichzeitig einfach und komplex. *Ich bin, der ich bin*. Das ist die absolute Annahme der eigenen Person. Die Ruhe in sich, selbstbewusst und stark.

Gott forderte Mose auf, an seiner Seite zu gehen. Ihm ähnlich zu sein. In Gott ein ganzes Ja zu sich selbst zu entwickeln und die eigenen Stärken und Schwächen zu bejahen.

Friede mit Gott bringt Frieden mit mir selbst. *Ich bin, der ich bin* fordert mich auf, Gottes Ebenbild zu werden, damit ich auch von mir sagen kann: *Ich bin, der ich bin.*

Das hört sich unverschämt arrogant und befreiend zugleich an. Ich darf *ich* sein. Du darfst *du* sein. Gott sagt mit ganzem Herzen Ja zu mir und dir. Er gibt mir nicht nur die Erlaubnis, ich selbst zu sein, sondern fordert mich sogar dazu auf. Diese Wahrheit ist unglaublich entspannend.

Ich darf ich sein. Du darfst du sein. Das ist es, was mich antreibt, Menschen zu begleiten, damit sie Eigenverantwortung übernehmen und sich selbst annehmen können. Ich möchte mit ihnen gemeinsam die Begegnung mit Gott suchen und zusammen Berge besteigen – sowohl physisch als auch psychisch.

Teil 2: Ich tue

So, wie die Annahme und Wiederherstellung unserer Persönlichkeit nicht allein durch unser Tun erlangt werden kann, ist es jedoch auch der falsche Ansatz, nur sein zu wollen.

Immer wieder begegne ich Männern, die sich vor jeglicher Leistung drücken wollen. Ihre Begründung ist oft, dass sie alleine durch Gnade leben. In Gott dürfen sie schließlich einfach sein. Das ist an sich auch richtig. Doch jemand zu sein, ohne dass darauf Taten folgen, ist ebenfalls entgegen der Bestimmung, die Gott für uns hat.

Für Männer, die sich durch ihre Leistung und ihre Werke identifizieren oder durch Lust und falschen Trost ihr Leben bereichern wollen, ist es entscheidend, in Gott Ruhe zu finden. Doch wir können in dieser Ruhe nicht einfach stehen bleiben. Wir müssen uns weiterentwickeln und den ganzen Weg gehen.

Glauben und Taten sind keine Gegensätze. Sie beißen sich nicht, solange sie in der richtigen Reihenfolge stehen. Taten um der Taten willen zu tun bringt keinen Glauben, sondern Religiosität. Doch aus dem Glauben müssen Taten folgen, ansonsten ist der Glaube tot. Das schreibt auch Jakobus:

> Liebe Brüder, was nützt es, wenn jemand von seinem Glauben spricht, aber nicht entsprechend handelt? Ein solcher Glaube kann niemanden retten (...) Es reicht nicht, nur Glauben zu haben. Ein Glaube, der nicht zu guten Taten führt, ist kein Glaube – er ist tot und wertlos.
>
> Jakobus 2,14.17

Glaube bedeutet nicht automatisch Nachfolge. Nachfolge bedeutet, jemandem zu folgen und einem Vorbild gemäß zu handeln.

Die Pharisäer fragten Jesus einmal, welches das größte Gebot ist. Er antwortete wie folgt:

»Du sollst den Herrn, deinen Gott, lieben, von ganzem Herzen, mit ganzer Seele und mit all deinen Gedanken! Das ist das erste und wichtigste Gebot. Ein weiteres ist genauso wichtig: Liebe deinen Nächsten wie dich selbst.«

Matthäus 22,37-39

Diese Aussage fasst die ganze Bibel zusammen. Wenn wir unser Leben in Gott verlieren und uns ihm hingeben, können wir seine zutiefst erfüllende Liebe annehmen. Seine Liebe gibt uns ein gesundes Selbstwertgefühl und unsere wahre Bedeutung. Durch seine Liebe sind wir fähig, unsere Mitmenschen ohne egoistische Motive mit Liebe zu beschenken.

Geliebt zu werden, ohne Liebe weiterzugeben, würde uns dagegen unsere Bedeutung als Ebenbilder Gottes nehmen. Wir wären wie das Tote Meer: Neues und frisches Wasser fließt hinein, doch nichts davon fließt hinaus. Mit der Zeit versalzt das Meer, sodass kein Lebewesen darin überleben kann. Es reicht nicht aus, dass täglich frisches Wasser nachkommt. Damit das Wasser rein und frisch bleibt, muss es zirkulieren können.

Als Gott in der Höhle am Berg Horeb Elias Herz eroberte und ihn von seiner Vorstellung erlöste, für Gott eifern zu müssen, segnete Gott ihn und gab ihm einen Auftrag. Genauso tat er es bei Mose. Nach der göttlichen Begegnung folgte eine Berufung. Bei Mose lautete die Aufgabe, Gottes Volk aus der Gefangenschaft in die Freiheit zu führen.

Wie bei Elia geht es nicht darum, dass wir etwas für Gott tun. Wir sollen vielmehr etwas mit und durch ihn tun. Unser Auftrag ist, mit und durch Gott Gefangene zu erlösen, Hungrigen Essen zu geben und Hoffnungslosen Hoffnung zu bringen.

Teil 3: Sein, um zu tun

Ein Mann wäre kein Mann, wenn er nichts tun kann. Männer lieben es, etwas zu tun. Wir sind und wir tun. Jesus sagte:

> Ich bin der Weinstock; ihr seid die Reben. Wer in mir bleibt und ich in ihm, wird viel Frucht bringen. Denn getrennt von mir könnt ihr nichts tun.
>
> Johannes 15,5

Ohne Jesus können wir nichts tun, mit ihm jedoch sehr viel. Wir werden sogar geradezu dazu angestiftet: »Wer an mich glaubt, wird dieselben Dinge tun, die ich getan habe, ja noch größere, denn ich gehe, um beim Vater zu sein«, sagt Jesus seinen Jüngern (Johannes 14,12).

Durch die Beziehung mit Gott verändert sich die Aussage »Ich *muss* erfolgreich sein« zu »Ich *darf* erfolgreich sein«. Die Modifikation dieses einen Wortes setzt uns frei. Ich *muss* nichts leisten, um jemand zu sein. Aber ich *darf* aus der Freude am Leben etwas schaffen, verändern oder vergrößern. Ich *darf* etwas leisten, weil es in mir steckt. Gott hat es in mich hineingelegt.

Wir sind geschaffen, um zu leben und um Leben weiterzugeben. Jesus hat Wasser in Wein verwandelt, Blinde sehend gemacht und Lahme geheilt. Jesus hat nicht über ein besseres Leben gesprochen – er hat es gebracht. Jesus ist auf die Welt gekommen, um Altes neu zu machen, um zu vergeben und unsere Schuld auf sich zu nehmen. Er ist auferstanden, damit wir auferstehen können.

Wir sind geschaffen, um zu leben und um Leben weiterzugeben.

Je mehr Gottes Leben in uns fließt, umso mehr werden wir gute Früchte tragen. Jesus befreit uns, damit wir unsere Mitmenschen befreien können. Er festigt uns, um andere zu erheben und ihnen Flügel zu verleihen. Jesus gibt uns die Erlaubnis, einfach wir selbst zu sein und alles, was wir zum Leben brauchen, aus ihm zu ziehen.

Dann tun wir nicht mehr etwas, um jemand zu sein, sondern wir sind jemand, um etwas zu tun!

Deshalb sagt die Bibel, wer diese neue Identität annimmt und vom Baum des Lebens isst, »aus dessen Innerem werden Ströme lebendigen Wassers fließen« (Johannes 7,38).

Das ist unser Auftrag. Das ist der Beginn einer neuen Welt.

Warum ein Garten zur Stadt werden muss

Am Anfang spricht die Bibel von einem Garten. Die Rede ist von einer unberührten Natur, die zu wachsen und zu gedeihen beginnt. Am Ende der Bibel wird hingegen über eine Stadt berichtet, deren Mauern einen prachtvollen Lebensraum umgeben. Die Mauern dieser Stadt sind aus Saphir, die Tore aus Perlen, die goldenen Straßen so rein wie Glas und die Flüsse so klar wie Kristalle.

Am Anfang ist ein unberührter Garten, am Ende eine glänzende, lebendige und heilige Stadt. Die Bibel erzählt die Geschichte einer Entwicklung. Gott begann mit einem Garten. Er setzte zwei Menschen hinein, segnete sie und gab ihnen einen Auftrag.

Der Garten war nach den ersten sieben Tagen nicht fertig. Er war sehr gut, aber er stand noch am Anfang. Die Schöpfungsgeschichte ist ein Prozess. Angefangen hat alles mit einer finsteren Einöde. Dann kam Licht in die Dunkelheit und Gott trennte das Land vom Wasser. Allmählich nahm die Welt Form an. Die Bäume und Wiesen gaben der Natur Gestalt, und Tiere aller Arten bevölkerten das Wasser, das Land und den Himmel. Als Krönung schuf Gott den Menschen und lud ihn dazu ein, den Prozess weiterzuführen und mit Leidenschaft und Freude schöpferisch tätig zu sein.

Der Mensch wurde nicht als Statist erschaffen. Das Paradies war nicht als Schlaraffenland gedacht, in dem wir uns faul unter einen Baum legen und uns die Früchte direkt in den Mund fallen. Der Mensch wurde geschaffen, um den Garten weiterzuentwickeln, um ihn zu bebauen, damit er wächst und gedeiht. Der Mensch hat den Auftrag, sich zu vermehren und über die Erde zu regieren, damit sie sich entfalten kann. Gott machte den Anfang mit einem Garten und lud den Menschen ein, mit seiner Hilfe daraus eine Stadt mit unbegrenzten Möglichkeiten zu kreieren.

Den Garten zu bebauen, zu vergrößern und zu entwickeln bedeutet Arbeit. Gleichzeitig ist es eine Einladung Gottes, dass wir mitwirken, um Leben zu vermehren und aus etwas Kleinem etwas Großes zu kreieren. Es ist eine Erlaubnis, ja sogar eine Aufforderung, zu handeln und anzupacken.

Die erste Aufgabe an den Mann drückte genau das aus:

> Und Gott, der Herr, formte aus Erde alle Arten von Tieren und Vögeln. Er brachte sie zu Adam, um zu sehen, welche Namen er ihnen geben würde.
>
> 1. Mose 2,19

Jemandem oder etwas einen Namen zu geben hat eine tiefe Bedeutung. Im Hebräischen ist ein Name nicht einfach eine Anhäufung von Buchstaben. Vielmehr enthüllt er den Wesenskern des Benannten. Als Adam den Tieren Namen gab, setzte er sich mit ihnen auseinander. Er beobachtete ihre Eigenschaften und Fähigkeiten.

Gott lehrte den ersten Mensch, Dinge in ihrem wahren Kern zu erkennen und ihnen Identität zuzusprechen. Er lehrte ihn nicht, Menschen zu kategorisieren – eine Schublade zu öffnen, sie hineinzustecken und die Schublade anschließend wieder zu schließen. Gott brachte dem ersten Mann bei, das Wesen der Schöpfung zu erforschen und Leben zu fördern.

Jemandem seinen Namen zuzusprechen, ihm Identität zu verleihen, seine echte Persönlichkeit zu entdecken und zu bestätigen ist eine zutiefst erfüllende und göttliche Aufgabe. Es ist ein Akt, der Herzen verändert.

Alte und neue Namen

Unsere Charakterwochenenden mit »Der 4te Musketier« beenden wir immer mit einem Segnungslauf. Nachdem die Männer vier Tage lang Herausforderungen gemeistert, gekämpft haben und Gott begegnet sind, segnen wir sie zum Abschluss. Wir stellen uns dazu in einem Spalier auf und lassen die Männer einen nach dem anderen hindurchgehen. Während sie durch das Spalier gehen, segnen wir sie. Wir sprechen ihnen Ermutigungen, Bestätigungen und Prophetien zu.

Auch Namen sprechen wir ihnen zu. Es handelt sich dabei aber um keine universell gültigen oder plakativen Namen, sondern um Namen, von denen wir überzeugt sind, dass sie zu dem jeweiligen Mann passen. Es sind Namen wie »treuer Ehemann«, »Vorbild für Generationen«, »einfühlsamer Held«, »starker Weggefährte«, »geliebter Sohn«, »tapferer Kämpfer für Gerechtigkeit«, »Pionier«, »Eroberer« oder »einfühlsamer Freund«. Das Leuchten in den Augen der Männer und die Dankbarkeit über diese Zusprüche sind oft überwältigend.

Diese Würdigung und Anerkennung der Männer ist nötig und wichtig. Sie ist aufbauend und heilsam. In der Bibel finden wir zahlreiche Geschichten von Männern und Frauen, die von Gott einen neuen Namen bekamen. Sie erhielten ihn jedoch nicht erst dann, wenn sie die Identität dieses neuen Namens schon lebten, sondern sie erhielten ihn, um in die Wahrheit dieses Namens hineinzuwachsen.

Sarai wurde zu Sara, Abram zu Abraham. Sara bedeutet »Fürstin« und Abraham »Vater vieler Völker«. Die neuen Namen waren Prophetien. Sie waren eine Ermutigung, an die Abraham und Sara immer wieder erinnert werden sollten, wenn sie sich mit ihrem Namen ansprachen. Denn es vergingen noch etliche Jahre, bis ihnen der verheißene Sohn geboren wurde, aus dem später eine ganze Nation entstehen sollte.

Ein Namenswechsel in der Bibel erfolgt immer nach einer Begegnung mit Gott. Bevor Abram zu Abraham, Sarai zu Sara, Jakob zu Israel und Saulus zu Paulus wurde, begegneten sie alle Gott.

Auch bei Simon Petrus, der von seinem Bruder Andreas zu Jesus gebracht wurde, ging dem Namenswechsel eine Begegnung voraus:

> Als Jesus ihn sah, sprach er: »Du bist Simon, der Sohn des Johannes; du sollst Kephas (Petrus) heißen, das heißt übersetzt: Fels.«
> Johannes 1,42 (LUT)

Auf ihm, dem Fischer, der Jesus verleugnet hatte, wurde die erste Gemeinde gegründet.

Es ist wichtig, dass wir lernen zu sehen, was sein wird, anstatt das zu sehen, was zurzeit vor unseren Augen ist. Identität zuzusprechen meint, die wahre Persönlichkeit einer Person zu entdecken. Denn das, was noch kommen wird, ist stets wichtiger als das, was ist oder bereits geschehen ist. Unsere Vergangenheit bestimmt nicht, wer wir sind. Entscheidend ist allein, wozu wir geboren wurden. Unsere Bestimmung liegt in der Bedeutung, die Gott uns gibt, und dem Auftrag, den er für uns hat.

Identität zuzusprechen meint, die wahre Persönlichkeit einer Person zu entdecken.

Am deutlichsten kann ich dieses Prinzip bei meinen drei eigenen Kindern sehen: Levi Lou, Noreen und Lynn. Obwohl wir bei der Auswahl der Namen nicht auf die jeweilige Bedeutung geachtet haben, passen die Namen, die wir unseren Kindern gegeben haben, zu ihren Persönlichkeiten.

Unser Ältester, Levi Lou, ist lebendig und verantwortungsbewusst. Er setzt sich für Schwächere ein und ist beliebt in der Schule. Sein Name bedeutet »Gott zugewandt und berühmter Kämpfer«. Gelegentlich, bevor er einschläft, nehme ich ihn in die Arme und spreche ihm zu: »Du berühmter, Gott zugewandter Kämpfer, ich habe Freude an dir!« Immer, wenn ich ihm diese Worte zuspreche, leuchten seine Augen.

Noreen ist unser mittleres Kind. Der Name Noreen kommt von Eleonora und bedeutet »Gott ist mein Licht«. Er kann aber auch als »fremd«

oder »anders« übersetzt werden. Manchmal ist Noreen mir fremd. Das liegt möglicherweise daran, dass sie mir so ähnlich ist. Sie tanzt aus der Reihe, ist wild, mutig und unerschrocken. Sie verhält sich nicht immer wie ein typisches Mädchen und fordert ihren älteren Bruder in allen möglichen Dingen heraus. Sie ist lieber schmutzig als geschminkt.

Ganz im Gegensatz zu unserer jüngsten Tochter Lynn, die es liebt, sich zu schminken, schöne Schuhe und Haarschmuck zu tragen und sich als Prinzessin zu verkleiden. Sie singt den ganzen Tag und klettert auch gerne mal auf einen Stuhl oder Tisch, sodass alle sie sehen und hören. Lynn berührt Herzen. Ihr Name bedeutet »kleiner Wasserfall«. Sie überfließt mit Lebensfreude und steckt ihr ganzes Umfeld damit an.

Levi Lou, Lynn und Noreen sind verschieden, einzigartig und wertvoll. Es ist so einfach, ihnen ihre Schwächen oder Andersartigkeit vorzuhalten. Levi Lou ist manchmal ängstlich, Noreen kann eine Dramaqueen sein und Lynn ein Dickschädel. Doch ich möchte ihnen ein Vater sein, der ihr jeweiliges Potenzial sieht und ihnen Namen voller Wert und Identität zuspricht.

Aus Sein und Tun heraus Anerkennung geben

Anerkennung ist göttlich. Die Suche nach beziehungsweise die Abhängigkeit von Anerkennung wird hingegen oft verteufelt. Wir sind aber in Abhängigkeit und gegenseitiger Ergänzung geschaffen. Obwohl wir eigenständige Personen sind, können wir nicht alle unsere Bedürfnisse selber stillen. Wir wurden dazu geschaffen, um Beziehungen einzugehen und einander zu erkennen.

Eine Beziehung ist jedoch kein Geben und Nehmen, wie so oft gesagt wird. Sie ist vielmehr ein Geben und Annehmen. Das Wort *annehmen* bedeutet, etwas zu nehmen, das mir angeboten wird. Eine nehmende Haltung führt hingegen dazu, dass man einander beraubt und sich das nimmt, was man will.

Anerkennung kann uns nur verliehen, nicht eingefordert werden. Anerkennung ist jedoch ein schmaler Grat. Finden wir Anerkennung für unsere eigentliche Persönlichkeit, so ehrt das den, der uns geschaffen hat. Diese Art der Anerkennung ermutigt uns, in unserer wahren Identität zu wachsen.

Anerkennung für das zu bekommen, was wir zu sein versuchen, oder sie für das zu geben, was andere Menschen zu sein versuchen, macht dagegen keinen Sinn. Einen Menschen, der sich durch Leistung seinen Wert erarbeitet hat, müssen wir nicht noch für diesen Lebensstil loben und ihn in seiner Suche nach einer falschen Identität bestätigen. Es ist vielmehr unsere Aufgabe, das, was hinter dem Feigenblatt verborgen ist – die wahre Identität –, zu entdecken. Das erfordert, dass wir die Menschen in unserem Umfeld mit göttlichen Augen betrachten und uns die Mühe machen müssen, hinter die Fassaden zu schauen.

Bei fremden Personen, Kunden oder Menschen, mit denen ich nur für kurze Zeit unterwegs bin, fällt mir das relativ einfach. Ich liebe es, Potenzial freizusetzen und die Fähigkeiten anderer zu stärken. Es macht mir Freude zu sehen, wie andere Menschen aufblühen und an Profil gewinnen. Bei Personen, mit denen ich dagegen in einer Beziehung stehe, fällt mir das oft sehr schwer. Manchmal suche ich geradezu nach dem Negativen und missbrauche damit meine gute Wahrnehmung und Menschenkenntnisse. Ich lästere über das Versagen anderer, statt mir die Mühe zu machen, ihren wahren Kern zu erkennen und zu stärken. Vor allem in Momenten, in denen ich den Fokus verloren habe und Schwierigkeiten und Sorgen auf mir lasten, fühlt es sich für mich bisweilen gut an, auf die Schwächen anderer zu zeigen. So werden die eigenen schlechten Gefühle für einen kurzen Moment überdeckt, und ich fühle mich besser.

In schwierigen Zeiten ist es jedoch manchmal auch so, dass ich zu hohe Erwartungen an meine Freunde stelle. Dann verlange ich von ihnen, dass sie mir meine Zweifel und Unsicherheiten nehmen – Erwartungen, denen niemand genügen kann. Mit Ernüchtern stelle ich dann häufig diese Beziehungen infrage.

Letztes Weihnachten war ich wieder einmal auf diese Weise mit meinen Kräften am Ende. Angefangen hatte meine chronische Überlastung ein halbes Jahr früher im Packeis von Grönland. Aufgrund eines Planungsfehlers unserer Guides und der Tatsache, dass Grönland in diesem Jahr so viel Eis im Sommer hatte wie seit fünfzehn Jahren nicht mehr, blieben wir auf der Rückreise mit unseren Booten im Eis stecken. Wir verpassten unseren Flug, und obwohl wir nach umständlichem Umbuchen und einer weiteren Nacht im Zelt gesund heimfliegen konnten, hatte ich noch nie zuvor ein derart beklemmendes Gefühl gehabt, nicht mehr nach Hause zu können.

Daheim wurde es allerdings nicht besser. Wir hatten kurz vor den Sommerferien ein wunderschönes Haus in guter Lage angeboten bekommen, und da wir wegen der Kinder noch vor Schulbeginn einziehen wollten, musste alles sehr schnell gehen. Nur einen Tag nachdem ich von meiner Grönlandtour nach Hause gekommen war, transportierten wir die wichtigsten Dinge in unser neues Zuhause, damit unser ältester Sohn am nächsten Tag mit der Schule starten konnte.

In den ersten Wochen in unserem neuen Heim wohnten wir als gesamte Familie in einem Zimmer, da wir den Rest des Hauses erst noch renovieren wollten. In den drei Monaten, die wir dafür brauchten, blieben viel Arbeit und zahlreiche Entscheidungen in meiner Firma liegen. Als ich schließlich alles nachgearbeitet hatte, waren meine Batterien am Ende.

In Zeiten wie diesen bin ich nicht mehr positiv. Ich erwarte und fordere. Da nahm mich mein Freund und Mitarbeiter Ben eines Tages zur Seite und ging mit mir spazieren. Als echter Freund hatte er jedoch nicht vor, ein Sonntagsgespräch mit mir zu führen. Stattdessen wusch er mir den Kopf – laut und deutlich. Er sagte mir, dass ich wieder zurück an die Quelle müsse, um aufzutanken.

Ich musste mich erneut entscheiden, meine Stärke in Gott zu suchen, in ihm zu ruhen und zu sein. Nur so konnte ich wieder die Stärken meiner Mitmenschen entdecken und meinen Nächsten ein ermutigender Weggefährte sein.

Es liegt eine große Kraft darin, den Blick auf das Potenzial und die göttliche Identität unserer Mitmenschen zu richten statt auf ihre Fehler und ihre Vergangenheit. Wenn wir anderen Menschen Bedeutung zusprechen und sie in ihre eigentliche Bestimmung führen, bedeutet das, dass wir Verantwortung übernehmen und Leben entfachen.

9. WENN MÄNNER VERANTWORTUNG ÜBERNEHMEN

Ich hielt Ausschau nach einem unter ihnen, der die Mauer schließt und vor mir für das Land in die Bresche springt, damit ich es nicht zerstöre, aber ich fand niemanden.

Hesekiel 22,30

Gott sucht Männer, die für sich und ihr Umfeld Verantwortung übernehmen. Er will Menschen finden, die bereit sind, ihre Position im Leben auszufüllen und andere in ihrer Umgebung zum Aufblühen zu bringen.

Verantwortung zu übernehmen bedeutet dabei nicht nur, die Folgen für das eigene Handeln zu tragen. In erster Linie geht es vor allem darum, schon im Vorhinein zum Handeln aufgefordert zu sein: für etwas einzustehen und das zu tun, was für eine Situation notwendig und richtig ist.

Verantwortung ist ein Ausdruck dafür, sich zu investieren.

Am Anfang der Bibel gibt Gott den Menschen den Auftrag, über die Erde zu herrschen. Das Wort »herrschen« ist heutzutage jedoch häufig negativ belastet – gerade im Zusammenhang mit maskuliner Herrschaft. Das liegt daran, dass viele Männer herrschen, ohne Verantwortung zu übernehmen. Dadurch nutzen sie ihre Herrschaft nicht zugunsten ihrer Umgebung, sondern um sich selber einen Vorteil zu verschaffen.

Der Missbrauch von Macht und Stellung zeigt sich dabei nicht nur in den Kabinetten der Regierung und den Vorstandssitzungen der Konzerne, sondern auch in Vereinen, Gemeinden, Kirchen bis hin zu Familien. Wo Männer ihre Stärke jedoch nicht zum Schutz und zur Förderung ihrer Familie, ihrer Mitarbeiter oder Bürger einsetzen, versagen sie in ihrer Aufgabe.

»Der Himmel gehört dem Herrn allein, die Erde aber hat er den Menschen anvertraut« (Psalm 115,16; HFA). Dieser Auftrag beinhaltet nicht, andere Menschen mit Macht zu unterdrücken, sondern sich gegenseitig mit Stärke und Würde aufzubauen. Gott fordert von uns keine dominante, sondern vielmehr eine dienende Haltung.

Jedem von uns wurden große oder kleine Bereiche anvertraut, in denen wir diese Aufgabe erfüllen können. Als Männer ist es Teil unserer Bestimmung, diesen Auftrag anzunehmen und mit Verantwortung über die Erde zu herrschen.

Die 4 Gs – Gott, Gemeinschaft, Gemeinde und Gerechtigkeit

Wenn Männer sich entscheiden, Verantwortung zu übernehmen und ihre Position einzunehmen, wirkt sich das nicht nur auf ihr eigenes Leben, sondern auf ihr ganzes Umfeld aus: Beziehungen verändern sich positiv, die Gemeinde wird gestärkt und Not gelindert. Das Thema Verantwortung ist deshalb auch ein wichtiger Bestandteil unserer Charakterwochenenden von »Der 4te Musketier«. Während wir gemeinsam in der Wildnis unterwegs sind, ermutigen wir die Männer, ihr volles Potenzial zu entdecken und sich in ihrem Leben für die vier Grundwerte der Bewegung einzusetzen:

für Gott
für Gemeinschaft
für Gemeinde
für Gerechtigkeit

Einer der Bestandteile dieser Charakterwochenenden ist ein Aufstieg zum Gipfelkreuz: Unterwegs tragen sie einen Stein mit sich. Der Stein lässt das Gewicht spüren, das ein Leben voller Kontrolle und Lust mit sich bringt. Die Männer werden ermutigt, während des Weges die Befreiung durch Jesus anzunehmen und durch seine Kraft Leben und Freiheit zu erfahren. Zahlreiche Männer, die ihren Stein und damit ihre Lasten am Fuße des Kreuzes ablegen, kehren verändert zurück und sind neu entschlossen, Verantwortung zu übernehmen.

John war einer der Teilnehmer, der diese Erfahrung machte. Er hatte während seines ganzen Lebens viel gearbeitet und seine Zeit und Kraft dem Aufbau und der Führung einer Metzgerei mit mehreren Filialen gewidmet. Dadurch waren seine Familie und seine Beziehungen stark vernachlässigt worden. Während des Aufstiegs zum Gipfelkreuz wurde er von Gott so überwältigt, dass er erkannte, wie sehr er seine Verantwortung als Vater, Großvater und Ehemann nicht wahrgenommen hatte. Er bekannte Gott seine Verfehlungen und bat seinen Sohn, mit dem er gemeinsam am Charakterwochenende teilnahm, um Vergebung. Vor der gesamten Gruppe entschuldigte er sich bei ihm für die Versäumnisse gegenüber seiner Familie. Ich bin nicht sicher, ob einer der anwesenden Männer seine Tränen zurückhalten konnte, als der Vater seinen Sohn umarmte.

Eine lebensverändernde Erfahrung auf dem Weg zum Gipfelkreuz machten auch zwei Brüder, die das Charakterwochenende gemeinsam bestritten. Sie beschrieben ihre Kreuzerfahrung folgendermaßen:

»In unserer Kindheit gab es zwischen uns viel Abneigung, Streit und zahlreiche Kämpfe. Wir haben das beide viele Jahre immer mit uns herumgetragen. Auch wenn der Schmerz schon lange zurücklag, war er trotzdem tief in unseren Herzen verankert. Beim Aufstieg zum Kreuz in den Bergen haben wir diese Last abgelegt und konnten uns von ganzem Herzen vergeben. Wir mussten dazu kein Wort wechseln. Es war klar, dass Gott uns befreit und unsere Beziehung geheilt hatte. Wir umarmten uns, wie es nur zwei Brüder voller Liebe zueinander tun können. Schon lange hatte ich keine Tränen mehr vergossen. Doch heute kommen mir bereits beim Gedanken an den Moment, als ich all den Schmerz loslassen konnte, die Tränen. Dieses Erlebnis brachte mich näher zu Gott, hat meinen Charakter gestärkt und die Herzen von mir und meinem Bruder mit Liebe erfüllt.«

Einige Tage nach einem unserer Wochenenden in den Tessiner Bergen kamen zwei Männer auf mich zu. Beide waren am Sonntagabend, als sie wieder zu Hause gewesen waren, vor ihren Ehefrauen auf die Knie gefallen und hatten ihre versteckte Suche nach Zuneigung und Unterhaltung durch fremde Frauen am Bildschirm gebeichtet. Sie entschieden sich für Offenheit und übernahmen dadurch Verantwortung für ihr Handeln. Indem sie ihren Ehefrauen ihre Sehnsüchte offenbarten, nahmen sie den ersten Schritt aus ihrer Höhle hinaus und machten sich verletzlich. Gleichzeitig zeigten sie ihren Willen, sich in ihre Ehe zu investieren. Das Ergebnis waren ehrliche Begegnungen und tiefe Gespräche mit ihren Ehefrauen, wie sie zuvor lange nicht mehr möglich gewesen waren.

Es berührt mich immer wieder, wenn ich Männer sehe, die Gott in der Wildnis und den Herausforderungen der Natur neu begegnen – die sich verändern lassen, aufstehen und Verantwortung in der Familie oder der Gemeinde übernehmen.

Es braucht Männer, die aus den religiösen und gesetzlichen Haltungen ihres Glaubens ausbrechen und neue Feuer entzünden – die Dinge infrage stellen, ihre Fähigkeiten anbieten und kreativ werden.

Wir kommen nur gemeinsam über den Fluss

Ein eindrückliches Beispiel für das, was in einer Gemeinschaft passieren kann, wenn Männer beginnen, Verantwortung zu übernehmen, ist die Geschichte von Martin.

Martin arbeitete als Landwirt. Er war muskulös, wetterfest und hatte einen Dickschädel. Er war einer der Teilnehmer auf unserer Islandtour mit dem Ziel, den Trekkingpfad Laugavegur zu meistern. Wir waren eine achtköpfige Gruppe aus Männern und Frauen mit unterschiedlicher Kondition und Belastbarkeit. Island hatte in diesem Jahr einen sehr kalten und strengen Winter mit viel Schnee durchlebt, auf den ein warmer Frühling gefolgt war. Für unsere Route bedeutete das: viel Schnee auf den Pässen und viel Schmelzwasser in den Flüssen.

Es braucht Männer, die aus den religiösen und gesetzlichen Haltungen ihres Glaubens ausbrechen und neue Feuer entzünden.

Martin blieb unbeeindruckt von den lauernden Gefahren und den Hindernissen der Wegstrecke. Er war viel schneller unterwegs als der Rest der Gruppe. Das garstige Wetter und die körperlichen Strapazen schienen ihm nichts auszumachen. Was er sich jedoch recht deutlich anmerken ließ, war, wie anstrengend die geringere Ausdauer der anderen Teilnehmer für ihn war.

Nach der Hälfte der acht Tage erreichten wir eine schwarze, zu großen Teilen mit Schneematsch bedeckte Lavawüste. Dauerregen, heftiger Gegenwind und dichter Nebel waren unsere ständigen Begleiter während dieses Teilabschnitts. Schon nach kurzer Zeit waren wir alle bis auf die Unterhosen durchnässt. Einer der Teilnehmer kämpfte zudem mit einer Grippe, eine andere Teilnehmerin mit starken Bauchschmerzen. Und hinter der Lavawüste wartete bereits die nächste Herausforderung auf uns: Ein bedrohlicher Fluss mit einem für diese Jahreszeit ungewöhnlich hohem Wasserstand querte unseren Weg. Unsere einzige Möglichkeit war, ineinandergehakt und in zwei Vierertrupps das reißende Gletscherwasser, das uns bis zur Hüfte reichte, zu durchschreiten. Wir bildeten dazu eine Linie: Ganz vorne lief der Stärkste, der die Strömung wie ein Pfeiler teilte, während die drei anderen ihn stützten.

Flussüberquerung auf dem Laugavegur in Island
(Foto: Marcel Hager)

Erfolgreich, aber unterkühlt erreichten wir die andere Seite des Flusses und entdeckten schon bald darauf eine alte Hütte, die zu unserem Erstaunen nicht abgeschlossen war. Im Inneren der Unterkunft roch es modrig, und die Matratzen auf den Betten waren alt und dreckig, doch das machte sie dadurch wett, dass sie über eine Gasheizung verfügte. Während draußen ein Sturm an der kleinen Wellblechhütte rüttelte und wir versuchten, unsere nassen Kleider zu trocknen, uns aufzuwärmen und ein wenig zu schlafen, kochte Martin in der Zwischenzeit für alle Tee. Ihm war klar geworden, wie wichtig es für eine Gruppe ist, dass jeder seine Stärken und Fähigkeiten für sie einsetzt und er sich nicht über die Schwächen der anderen ärgern sollte.

Noch am selben Abend erzählte er mir, dass es für ihn mit einem Mal viel erfüllender sei, gemeinsam ein Ziel zu erreichen, als alleine vorauszugehen. Nach diesem Erlebnis wurde Martin den anderen Teilnehmern für den Rest der Reise eine starke Hilfe und eine Ermutigung für jeden einzelnen. Seine veränderte Einstellung trug dazu bei, dass die Gruppe durch die Reise zusammengeschweißt wurde und die Tour für jeden zu einem großartigen Abenteuer wurde.

Wer seine Stärken kennt, kann auch Verantwortung übernehmen

Die wenigsten Menschen übernehmen von sich aus gerne Verantwortung. In einer bedrohlichen Welt scheint es oft leichter, es dem Schicksal zu überlassen, wie sich das Leben und Beziehungen entwickeln. Doch es gehört zur Aufgabe eines Mannes, seine Stärken und Fähigkeiten einzusetzen, um Leben zu bringen und diejenigen zu beschützen, die er liebt.

Auch Tom hatte sich sein Leben lang aus der Verantwortung gezogen. Ich lernte ihn kennen, als er gemeinsam mit seiner Ehefrau Susanne an einer einwöchigen Expedition in Grönland teilnahm. Wir wanderten als zehnköpfige Gruppe tagelang durch unwegsames Gelände, die Wege waren schneebedeckt und unsere Sicht blieb durch dichten Nebel getrübt. Unsere Route musste daher sorgfältig navigiert werden. Die Teilnehmer entschieden bei jeder Herausforderung gemeinsam, wie sie sie bewältigen wollten. Nur Tom beteiligte sich nie an den Diskussionen. Er hielt sich im Hintergrund und war stets mit allen Entscheidungen der Gruppe einverstanden. Dadurch eckte er bei niemandem an, drückte sich aber gleichzeitig stillschweigend vor jeglicher Verantwortung.

Am Dienstag übernahm er schließlich auf Drängen seiner Frau gemeinsam mit ihr die Tagesleitung. Das Tagesthema lautete: »Können vs. wollen – Kannst du nicht oder willst du nicht?« Während seine Frau die ganze Gruppe mit meiner Unterstützung und der eines zweiten erfahrenen Führers über Schneefelder und durch einen Gletscherfluss leitete, bildete Tom freiwillig das Schlusslicht – und brachte sich so wieder einmal aus der Schusslinie. Auf diese Weise brauchte er keine Entscheidungen zu treffen und konnte beruhigt hinter der Gruppe hergehen.

Nach einiger Zeit gesellte ich mich zu ihm. Ich ging ein Stück an seiner Seite und fragte ihn nach einer Weile, weshalb er die ganze Führung seiner Frau überließ.

»Ich kann das nicht«, meinte er. »Ich fühle mich nicht wohl in der Rolle des Anführers.«

Ich erklärte ihm, dass Verantwortung zu übernehmen keine Rolle sei, die man spielt. Vielmehr ist sie eine Aufgabe, die nur aus einem gesunden Selbstwert heraus gewissenhaft wahrgenommen werden kann. Da gab er zu, dass genau dort sein Problem lag. Während wir ein Schneefeld hinunterstiegen, erzählte er mir, dass er in seiner Kindheit als Jüngster von vier Geschwistern nie Verantwortung hatte übernehmen müssen. Sein Vater sei dominant gewesen, habe ihn bevormundet und alles für ihn entschieden.

»Ich weiß nicht, wer ich bin, und auch nicht, was ich will«, klagte er. Doch er gab auch zu, dass er jetzt, mit vierzig Jahren, etwas in seinem Leben ändern wollte: »Ich möchte anders sein, als ich bin. Ich will extrovertiert und stark sein wie die Männer, die ich bewundere.«

Tom entsprach in seiner Vorstellung nicht dem typischen Bild eines Mannes, wie er es beschrieben hätte. Seiner Ansicht nach hatte er gar kein Recht dazu, Verantwortung zu übernehmen. Er dachte, dass er sich erst dann der Verantwortung für sein Leben und das seines Umfeldes stellen konnte, wenn er ein anderer Mensch wäre. Doch

Verantwortung zu übernehmen hat nichts mit der Persönlichkeit eines Menschen oder seinen Fähigkeiten zu tun.

Dr. Donald O. Clifton, der Begründer der stärkeorientierten Psychologie, analysierte in einer mehrjährigen Studie die Stärken von Führungspersönlichkeiten aus aller Welt. Er versuchte, im Rahmen dieser Untersuchung die folgenden Fragen zu beantworten:

Weshalb sind einige der Führungskräfte erfolgreich, während andere scheitern?

Welche Gemeinsamkeiten haben die Erfolgreichen?

Clifton kam zu dem Ergebnis, dass es nicht die eine besondere Stärke oder Charaktereigenschaft gibt, die zum Erfolg führt, und dass gute Führung nicht aus einem bestimmten Persönlichkeitsprofil abgeleitet werden kann. Ganz im Gegenteil stellte er fest, dass diejenigen Menschen in der Unternehmensleitung erfolgreich waren, die ihre eigenen Stärken genau kannten und einsetzten. Mit anderen Worten sagte seine Studie: Kenne deine Stärken – und dann sei einfach du selbst! Natürlich gilt dieses Prinzip auch außerhalb der Wirtschaftswelt.

In diesem Sinne ermutigte ich auch Tom. Denn die Fähigkeit zur Verantwortung hat nichts mit Charakter oder Talenten zu tun. Verantwortung setzt lediglich voraus, dass wir die Angst vor unserem eigenen Ich verlieren und den Mut haben, uns selbst an den anderen zu verschenken.

Als wir am nächsten Morgen unsere Zelte abgebrochen, das Müsli ausgegessen und unsere Rucksäcke wieder bepackt hatten, fragte mich Tom, ob er heute noch einmal die Tagesleitung übernehmen dürfe. Und an diesem Tag stellte er sich der Verantwortung. Er ging an der Spitze der Gruppe und leitete sie durch die schneebedeckte Landschaft Grönlands.

Dieses Erlebnis war eine Bestätigung für ihn. Es zeigte ihm, dass er nicht seine Persönlichkeit verändern musste, um Verantwortung zu übernehmen, sondern seine Einstellung zu sich selber.

Unser Camp am Fuß eines Gletschers auf der Insel Ammassalik (Foto: Marcel Hager)

Was für ein Mann möchtest du sein?

Der Wunsch, sich aus der Verantwortung zu ziehen, weil wir an uns selbst zweifeln, ist kein neues Phänomen.

Schon Mose wollte am Beginn seiner Berufung seiner Verpflichtung entgehen. Als Gott ihm am brennenden Dornbusch begegnet und sich ihm zu erkennen gibt, beauftragt er Mose, sein Leben für das Leben vieler Menschen einzusetzen. Gott erteilt ihm die Aufgabe, das Volk Israel aus der Gefangenschaft in Ägypten zu befreien und in ein Land zu führen, in dem Milch und Honig fließt.

»Nun geh, denn ich sende dich zum Pharao. Du sollst mein Volk, die Israeliten, aus Ägypten führen.« »Wer bin ich, dass ich zum Pharao gehen und die Israeliten aus Ägypten führen sollte?«, fragte Mose Gott.

2. Mose 3,10-11

»Wer bin ich?«, fragt Mose. Obwohl ihn gerade der Schöpfer des Universums selbst mit einer großen Aufgabe betraut hat, zweifelt er an sich. Die Antwort von Mose ist dabei stellvertretend die Reaktion vieler Männer, die vor eine ähnliche – wenn auch für gewöhnlich wesentlich kleinere – Aufgabe gestellt werden:

»Ich kann das nicht. Nimm nicht mich. Nimm einen anderen. Wer bin ich, dass du mich ausgewählt hast?«

Doch damit ist das Gespräch zwischen Gott und Mose noch nicht zu Ende:

Aber Mose erwiderte: »O Herr, ich bin kein guter Redner; ich bin es nie gewesen - und seit du mit mir, deinem Diener, sprichst, hat sich daran nichts geändert. Ich kann nicht gut reden.«

»Wer hat den Menschen einen Mund gegeben?«, fragte ihn der Herr. »Wer macht die Menschen stumm oder taub, sehend oder blind? Ich bin es, der Herr! Mach dich jetzt auf den Weg. Ich werde dir helfen und dir zeigen, was du reden sollst.«

Aber Mose bat: »Herr, bitte schick doch einen anderen!«

Da wurde der Herr zornig auf Mose: »Ich weiß doch, dass dein Bruder, der Levit Aaron, gut reden kann. Er ist bereits auf dem Weg zu dir und wird sich freuen, dich zu sehen. Erzähl ihm dann alles und weise ihn an, was er reden soll. Ich werde euch beiden helfen, wenn ihr redet, und werde euch zeigen, was ihr tun sollt.«

2. Mose 4,10-15

Nach dieser Diskussion macht sich Mose in Begleitung seiner Frau und seiner Söhne tatsächlich auf, um ein ganzes Volk zu befreien. Er entscheidet sich, zu gehen und Verantwortung zu übernehmen, obwohl ihn noch immer Angst und Zweifel begleiten.

Verantwortlich zu leben ist eine Entscheidung, Gott zu vertrauen und ihm zu folgen.

Willst du ein Mann sein, der seine Verantwortung akzeptiert, oder ein Mann, der sich vor seiner Verantwortung drückt?

Willst du ein Mann sein, der seine Verantwortung akzeptiert, oder ein Mann, der sich vor seiner Verantwortung drückt?

Welcher Mann möchtest du sein?

Jan, ein Teilnehmer unseres ersten Charakterwochenendes in der Schweiz, hat diese Frage für sich folgendermaßen beantwortet:

»Ja, ich will mich für meine Familie und meine Freunde einsetzen, ich will am Reich Gottes mitbauen und für die Gerechtigkeit kämpfen! Ich will Geschichte schreiben – mit meinem König, mit unserem König!«

10. WO GOTT UNS HABEN WILL – UND WO NICHT

Vielleicht konntest du dein Bild von Gott bereits neu malen und seine Liebe für dich in Anspruch nehmen. Vielleicht ist dir Gott durch Schwierigkeiten, eine zerrüttete Beziehung, die Krankheit deines Kindes, den Verlust einer Arbeitsstelle, ein dunkles Tal oder durch einen brennenden Busch begegnet. Möglicherweise hast du dich auch bereits dazu entschieden, in Gottes Liebe zu sein und mit und durch Gott etwas zu tun.

Aber eventuell zweifelst du noch an deinen Fähigkeiten und Möglichkeiten und fragst dich wie Mose: »Was habe ich schon? Was kann ich schon verändern? Was habe ich denn zu geben?«

In der Bibel finden wir die Geschichte einer Frau, deren Mann zu Lebzeiten ein Jünger des Propheten Elisa gewesen war. Als er starb, hatte seine Frau Angst, ihre Kinder in die Sklaverei zu verlieren, da sie ihre Schulden nicht mehr bezahlen konnte. Verzweifelt und unter Tränen kam sie zu Elisa und bat ihn um Hilfe. Doch als Elisa den Hilfeschrei der Frau hörte, fragte er sie nur knapp: »Was soll ich dir tun?« (2. Könige 4,2a; LUT).

Im ersten Moment klingt diese Reaktion beinahe unverschämt. Es scheint, als würde er fragen: »Was soll das schon mit mir zu tun haben? Was erwartest du eigentlich von mir?« Doch das war nicht Elisas Botschaft. Natürlich war ihm diese Frau nicht gleichgültig. Es handelte sich schließlich um die Witwe eines seiner Schüler. Sie war eine Bekannte, vielleicht sogar eine Freundin von ihm.

Elisa verfolgte mit seiner Frage einen ganz bestimmten Zweck. Er wollte ihr nämlich keine oberflächlichen Ratschläge erteilen oder einfach nur Trost spenden. Sein Ziel war es, in die Tiefe ihres Herzens vorzustoßen. Elisa nahm den Schmerz und die Verzweiflung dieser Frau wahr. Doch er wollte das tiefer liegende Problem zum Vorschein bringen. Deshalb stellte er der Frau eine weitere Frage:

»Sage mir, was hast du im Hause?« Sehr bescheiden gab die Witwe zur Antwort: »Deine Magd hat nichts im Hause als einen Ölkrug« (2. Könige 4,2b; LUT).

»Ich habe nichts außer ...« Kennst du diese Antwort auch von dir? Die Aussage an sich ist bereits ein Widerspruch: Nichts – außer? Genau hier liegt das Problem dieser Frau. Es liegt nicht darin, dass sie nichts anderes hat als diesen einen Ölkrug, sondern dass sie nicht sieht, was sie hat. Das, was sie hat, ist in ihren Augen nichts wert.

Viele Männer und Frauen, die zu mir ins Coaching oder mit auf eine Tour kommen, stehen vor derselben Frage: Was habe ich denn schon?

Da war zum Beispiel ein junger, sportlicher und intelligenter junger Mann, der nicht die leiseste Ahnung hatte, was er nach seinem Studium mit sich und seinem Leben anfangen sollte. Ähnlich erging es auch einem pensionierten Lehrer, der sein ganzes Leben einen Beruf ausgeübt hatte, den er nicht mochte, und nun, da er im Ruhestand war, wusste er nicht, was er mit seiner freien Zeit anstellen sollte.

Wir gelangen zu der Frage nach dem, was wir anbieten können, oft erst dann, wenn sich in unserem Leben etwas ändert und wir Verantwortung übernehmen müssen. Als ihr Mann noch an ihrer Seite lebte, hatte die Frau des Prophetenjüngers sich immer auf ihn verlassen können. Doch dann verlor sie ihren Mann und geriet ihn Not. Nun lag alles an ihr. Sie musste handeln. Aber was sollte sie tun?

Der Prophet wollte wissen, was die Frau besaß. Doch dabei ging es nicht um den Krug mit Öl. Es ging um das, was sie in ihrem Haus hatte, aber für selbstverständlich und nicht beachtenswert hielt: ihre eigenen Fähigkeiten.

Das Problem mit unseren Fähigkeiten und Talenten ist, dass wir sie oft für selbstverständlich halten. Wir denken, dass jeder das kann, was wir können. Wir suchen nach etwas Besonderem, finden es aber nicht, da es nur in den Augen der anderen etwas Besonderes ist. Unsere Talente erscheinen uns manchmal so natürlich, dass wir sie nicht als individuellen Wert annehmen und darauf aufbauen. Statt das zu sehen, was wir haben, und daraus etwas zu machen, möchten wir einen klaren Auftrag von Gott erhalten, wie wir unser Leben investieren sollen.

Dabei sind die Fähigkeiten und Talente, die Gott in uns hineingelegt hat, von viel entscheidenderer Bedeutung. Unsere Beschaffenheit dient unserer Aufgabe. Wir müssen unsere Berufung nicht erfinden. Wir brauchen sie lediglich zu entdecken. Alles, was wir benötigen, ist bereits in uns. Wir sind dazu berufen, unseren eigenen Fähigkeiten und Begabungen zu vertrauen, in der Gesellschaft unseren Platz einzunehmen und Verantwortung zu übernehmen.

Wir müssen unsere Berufung nicht erfinden. Wir brauchen sie lediglich zu entdecken.

»Was möchte Gott, das ich tue?«, wollte ein Mann nach einem Referat von mir wissen. Ich fragte ihn darauf: »Was ist es, das dir Freude bereitet und du richtig gut kannst?« Er entgegnete, dass er sehr vielseitig begabt und interessiert sei und ihm viele Dinge Freude bereiteten. Aus diesem Grund investierte er sich an zahlreichen verschiedenen Orten. Doch das raubte ihm Kraft und Energie. Der Mann sehnte sich danach zu wissen, was Gott mit seinem Leben vorhatte.

Die Frage, die ihn so sehr beschäftigte, war: »Was soll ich tun und was soll ich lassen?« Ich forderte ihn daher mit einer Gegenfrage heraus: »Was wäre, wenn Gott dir die Entscheidung überlassen würde? Du bist begabt und du bist erwachsen. Verantwortung zu tragen bedeutet auch, eigene Entscheidungen zu fällen und darauf zu vertrauen, dass der, der dich liebt, mit dir ist.«

»Aber was, wenn Gott mich nach Afrika schickt?« Von zwei Lügen

Sowohl in der Kirche als auch in unserer Gesellschaft werden uns vier grundlegende Lügen erzählt:

Es gibt die beiden religiösen Lügen:

1. Gott möchte etwas anderes als das, was in meinem Herzen ist.
2. Wenn ich das tue, was in mir ist, werde ich stolz und handle gegen Gottes Willen.

Und dann gibt es zwei Lügen, die uns die Gesellschaft erzählt:

1. Es ist wichtiger, an meinen Schwächen zu arbeiten, als an meinen Stärken.
2. Wenn ich mich anstrenge, kann ich in fast jedem Bereich überdurchschnittlich gut sein.

Die letzten beiden Lügen führen dazu, dass wir zahlreiche Stunden in Fähigkeiten investieren, von denen wir annehmen, dass sie zwingend notwendig sind, um in unserem Leben und der Gesellschaft bestehen zu können. Da viele dieser Fähigkeiten aber nicht unseren Stärken entsprechen, wenden wir sehr viel Zeit und Anstrengung auf, um an unseren Schwächen herumzubasteln, statt uns auf unsere Stärken zu fokussieren, zu Spezialisten zu werden und unsere bereits vorhandenen Talente weiter zu verbessern.

Über die beiden gesellschaftlichen Lügen habe ich ausführlich in meinem Buch »Sehnsucht, Mut und Stärke« geschrieben. Sehen wir uns deswegen an dieser Stelle die beiden religiösen Lügen etwas genauer an.

Die erste Lüge: Gott möchte etwas anderes als das, was in meinem Herzen ist

Als junger Mann ging ich davon aus, dass ein »guter Christ« in die Mission geht – am besten an einen Ort, an den er auf keinen Fall wollte. Ich entschied mich deshalb für einen Missionseinsatz in Indien, obwohl mich diese Region in keinster Weise faszinierte. Die Kultur war mir ebenso fremd wie die Sprache und die Gerüche in den Straßen. Während unseres Einsatzes reinigten wir Abwassersysteme in Dörfern, bauten Häuser mit den einfachsten Hilfsmitteln und beteten für Menschen, die für Gott – oder zumindest für einen zusätzlichen Gott – offen waren.

Die Zeit in Indien war spannend. Ich nutzte sie dazu, um viel über mich und über Gott nachzudenken. Doch es wurde mir auch klar, dass ich nicht dorthin gehörte. Es war, als würde Gott mir liebevoll erklären: »Ich möchte dich dort, wo dein Herz ist.« Und mein Herz war nicht in Indien. Mein Herz gehörte der Schweiz. Dort, wo die Menschen mich verstanden und ich sie.

Unser Herz, unsere Leidenschaft und unsere Begabungen bestimmen allerdings nicht nur unser Wo, sondern auch unser Wie. Denn wir können nur das geben, was wir haben.

David ist ein gutes Vorbild hierfür. Er setzte das, was er hatte, für das ein, wofür sein Herz schlug: eine Steinschleuder für die Freiheit seines Volkes.

Das Volk Israel war von den Philistern zum Kampf herausgefordert worden. Die Philister hatten sich zum Kampf auf einem Hügel in Juda versammelt. Zwischen beiden Armeen lag ein Tal. Aus den

Reihen der Philister trat nun ein einzelner Kämpfer hervor: der Riese Goliat. Vierzig Tage lang spottete und verhöhnte Goliat jeden Morgen und jeden Abend das Volk Israel. Er forderte die Israeliten auf, einen Mann zu schicken, der mit ihm kämpfen sollte. Das Volk des Verlierers sollte zu Sklaven des anderen Volkes werden.

Im Gegensatz zu seinen drei älteren Brüdern war David nicht Teil des israelitischen Streitheeres. Er hütete die Schafe seines Vaters. Eines Tages schickte ihn sein Vater aber mit Käse und frischem Brot an die Front, um nach seinen Brüdern zu sehen. Als er im Lager eintraf, vernahm er, wie sehr sich die Männer vor Goliat fürchteten. David wollte sich deshalb mutig dem Feind Israels stellen. Er ging zum König Saul und sagte:

> »Seinetwegen lasse keiner den Mut sinken; dein Knecht wird hingehen und mit diesem Philister kämpfen.« Saul aber sprach zu David: »Du kannst nicht hingehen, um mit diesem Philister zu kämpfen; denn du bist zu jung dazu, dieser aber ist ein Kriegsmann von Jugend auf.«
>
> 1. Samuel 17,32-33 (LUT)

Doch David war keineswegs zu jung. Er hatte schon zahlreiche Erfahrungen mit gefährlichen Gegnern gemacht:

> »Ich hüte die Schafe meines Vaters«, sagte er. »Wenn ein Löwe oder ein Bär kommt, um ein Lamm aus der Herde zu rauben, dann verfolge ich ihn, schlage auf ihn ein und reiße ihm das Lamm aus dem Maul. Wenn das Raubtier mich dann angreift, packe ich es an der Mähne und schlage es tot. Das habe ich schon mit Löwen und Bären gemacht, und so wird es auch diesem unbeschnittenen Philister ergehen, denn er hat das Heer des lebendigen Gottes verhöhnt!«
>
> 1. Samuel 17,34-36

Das ist eine Ansprache! David weiß genau, was er kann und was er gelernt hat. Er kennt seine Fähigkeiten und ist bereit, diese einzusetzen. Schließlich ließ Saul sich von David überzeugen.

Dann kommt die entscheidende Szene: Saul bot David seine eigene königliche Waffenrüstung an. Er setzte ihm den eisernen Helm auf und zog ihm den Brustpanzer an. Doch David behinderte diese Rüstung nur.

> »Ich kann darin nicht gehen«, protestierte er, »ich bin nicht daran gewöhnt.« Und er legte die Rüstung wieder ab. Dann holte er fünf glatte Kiesel aus einem Bach und legte sie in seine Hirtentasche. Und so näherte er sich, bewaffnet nur mit seinem Hirtenstab und seiner Schleuder, dem Philister.
>
> 1. Samuel 17,39b-40

Hier liegt der springende Punkt! David weiß, was er kann und was er nicht kann. Er ist mutig, sich mit seinen eigenen Waffen – auch wenn diese nicht so edel aussehen wie die des Königs – dem großen und Angst einflößenden Spötter entgegenzustellen. Mit *seinen* Fähigkeiten und Talenten stellt er sich dem Riesen. Wir wissen alle, wie die Geschichte ausging.

Viele Männer sehen eine Not und erkennen ihre Berufung. Sie entscheiden sich, Leben zu schützen und sich für andere zu investieren. Doch zu viele von ihnen zweifeln an ihren eigenen Fertigkeiten. Sehr oft treffe ich auf diese Aussage: »Wenn ich so wäre wie Soundso, dann wäre ich auch effektiv und erfolgreich.« Vergeblich bemühen sie sich um Talente, die sie nicht haben, oder eignen sich mühselig Fähigkeiten an, die ihnen nicht liegen.

Auch Roger war ein Mann, dem eine Rüstung übergestreift worden war, die ihm nicht passte. Er durchquerte im Rahmen einer Coaching-Tour mit uns die beinahe surreal karge Landschaft Islands. Roger war stark und muskulös, sagte jedoch von sich selbst, dass er langsamer im Denken sei als andere. Zwischen Vulkanen und Eis erzählte er mir von seinem schweren Motorradunfall, der ein Schädelhirntrauma zur Folge hatte. Ein halbes Jahr hatte er im Koma auf der Intensivstation gelegen. Niemand hatte gewusst, ob er wieder aufwachen würde. Er zeigte mir die vielen Nähte auf seinem kahl geschorenen Kopf.

Nachdem Roger wie durch ein Wunder aus dem Koma erwachte, konnte er wieder eingeschränkt in die Arbeitswelt eingegliedert werden. Als gelernter Bäcker und Konditor durfte er zwar wieder zu 100 Prozent arbeiten, erhielt aber nur einen 50-Prozent-Lohn, da er psychisch als weniger belastbar eingestuft wurde. »Ich bin nicht glücklich mit meiner Arbeit«, gestand er zwar, meinte aber resigniert, dass er ja keine andere Möglichkeit habe.

Doch die Hunderte von Kilometern durch unwegsames Gelände stärkten sein Selbstvertrauen. Zum einen entdeckte er seine Freude an körperlichen Belastungen, zum anderen erkannte er, dass sein Unfall zwar zu seiner Geschichte gehörte, er seinen Umständen aber nicht hilflos ausgeliefert war. Durch die Gespräche und die Erlebnisse in der Natur veränderten sich seine Gedanken und Ansichten über sein Leben von Tag für Tag. Während er zu Beginn der Reise in erster Linie seine unbefriedigende Situation als eingeschränkter Handwerker thematisierte, ließ die Begeisterung für körperliche Herausforderungen in ihm mit der Zeit die Idee aufkeimen, sein Leben selbst zu verändern: Sein Traum nahm die Form an, dass er als Fitnesstrainer arbeiten wollte.

Zunächst umschrieb er seinen Traum nur sehr vage und zaghaft. Doch im Verlauf der Woche wurde sein Glaube, dass es möglich war, seine Träume zu verwirklichen, immer größer. Am Ende der Reise fand er schließlich den Mut, sein neues Ziel klar und mit Überzeugung beim Namen zu nennen.

Etwas mehr als ein Jahr später sendete mir Roger ein Foto mit seinem Diplom als Fitnesstrainer und berichtete mir voller Stolz von seiner Anstellung in einem renommierten Fitnessclub.

Schwarze Lavawüste mit weißen Flecken (Foto: Marcel Hager)

Die zweite Lüge: Wenn ich das tue, was in mir ist, werde ich stolz

Die Angst vor Überheblichkeit und Stolz hat schon viele Männer gebremst und sie daran gehindert, ihr Potenzial einzusetzen. Natürlich können uns gute Leistungen und Erfolge beflügeln und dazu führen, dass wir herablassend und selbstgefällig werden. Wenn das geschieht, sollen wir jedoch nicht unsere Fähigkeiten und Talente verleugnen, sondern uns vielmehr die Frage stellen, aus welcher Quelle wir unsere Kraft schöpfen.

Wir müssen das Risiko eingehen und unser volles Potenzial einsetzen, auch wenn wir auf diesem Weg dem Riesen namens »Stolz« begegnen. Wenn wir uns entscheiden, Leben zu bringen, werden wir mit Widerstand rechnen müssen. Dem Widerstand aus dem Weg zu gehen, indem wir nicht alles geben und unsere Fähigkeiten und Talente nicht einsetzen, wäre allerdings verheerend.

Jesus erzählte seinen Jüngern einmal das Gleichnis von einem König, der auf Reisen ging und seinen Dienern je ein Pfund Silber anvertraute. Während der eine Diener das Silber verzehnfachte und der zweite mit dem Silber das Fünffache erwirtschaftete, hatte der dritte Diener das Silber aus Angst, es zu verlieren, vergraben. Als der König zurückkehrte, lobte er die tüchtigen und erfolgreichen Männer und belohnte sie. Dem Diener, der das Silber versteckt hatte, nahm er jedoch das Silber weg und gab es demjenigen, der seinen Anteil verzehnfacht hatte.

> (...) denen, die ihren Anteil gut nutzen, wird noch mehr gegeben werden. Denen jedoch, die nicht treu damit umgehen, wird auch das wenige, das sie haben, noch genommen werden.
>
> Lukas 19,26

Im Grunde genommen geht es hier um die Angst, etwas Falsches zu tun. Es geht um die Furcht, dass diejenigen Fähigkeiten und Talente, die wir erhalten haben, nicht genügen, zu wenig wertvoll sind und wir damit zu wenig erreichen können. Die Problematik in diesem Gleichnis liegt nicht darin, dass der Diener keinen Ertrag erwirtschaftet hatte oder nicht erfolgreich war. Das Problem war seine Angst.

Furcht ist immer auf sich selbst bezogen. Sie ist eine Form von Egoismus. Wie stehe ich da? Wie komme ich an? Was denken andere von mir? Was denkt Gott über mich? Was, wenn …? All diese Fragen entspringen der Angst, das Gesicht zu verlieren.

Das Gegenteil von Furcht ist Liebe. Liebe ist nach außen gerichtet. Sie ist verschwenderisch, beschenkend und für andere ein Segen.

Als ich von einer Coaching-Tour in Lappland nach Hause kam, hatte ich meinem Sohn ein Souvenir mitgebracht: ein schwedisches Fußball-Nationaltrikot. Die Augen meines Sohnes leuchteten vor Freude. Schnell zog er sich das T-Shirt an, schnappte sich einen Fußball und rannte zu seinen Freunden, um mit ihnen zu spielen. Während ich meinem Sohn dabei zusah, wie er mit seinen Freunden begeistert die Bälle ins Tor kickte, freute ich mich zutiefst an ihm. In diesem Moment gab mir Gott einen Gedanken, der mich zu Tränen rührte. Es war, als wollte er mir sagen: »Genauso empfinde ich Freude, wenn meine Kinder die Fähigkeiten und Talente einsetzen, die ich ihnen gegeben habe.«

Das Gegenteil von Furcht ist Liebe.

Es gibt keine richtigen oder falschen Talente und Stärken. Falsch ist es lediglich, in Talente zu investieren, die wir nicht besitzen, statt diejenigen Fähigkeiten dankend einzusetzen, die uns geschenkt wurden. Das wäre, als hätte mein Sohn das Trikot zwar angenommen, es aber anschließend im Kleiderschrank verstaut, um es nicht schmutzig zu machen. Für Gott ist es der schönste Dank, wenn seine Kinder seine Geschenke enthusiastisch benutzen und sich daran freuen.

Was hast du?

Einen Krug mit Öl?

11. WARUM ES MUT BRAUCHT, EINEN KRUG MIT ÖL ZU FÜLLEN

Im Moment trainiere ich für einen Marathon in Uganda. Nicht für irgendeinen Marathon, sondern für einen Muskathlon*: Zu den zweiundvierzig Kilometern kommen dabei noch über eintausenddreihundert Höhenmeter dazu. Der Slogan des Laufs lautet: Ein extremer Einsatz gegen extreme Armut.

Vor einem Jahr betrug meine weiteste Laufdistanz fünf Kilometer. Ich konnte mir einfach nicht vorstellen, längere Strecken zu laufen, weil ich dachte, dass das langweilig sei. Um mich auf den Muskathlon vorzubereiten, laufe ich deshalb seit mehreren Monaten drei Mal pro Woche Distanzen zwischen zehn und zwanzig Kilometern. Dabei erlebe ich, wie Gott an meiner Ungeduld arbeitet. Ich kann

* »Der 4te Musketier International« organisiert in Zusammenarbeit mit dem Kinderhilfswerk »Compassion« sportliche Benefizveranstaltungen. Dazu gehört auch der Muskathlon. Männer und Frauen erbringen eine körperliche Höchstleistung, um Kindern und deren Umfeld finanzielle Unterstützung und neue Hoffnung zu bringen. Infos unter www.muskathlon.com.

eine längere Strecke nicht in demselben Tempo durchziehen wie eine kurze Distanz. Es kostet mich Geduld, meine Kraft einzuteilen und die ersten fünf Kilometer um einiges langsamer zu laufen, als ich es eigentlich könnte.

Ich selbst zu sein bedeutet, sowohl meine Stärken als auch meine Schwächen zu kennen. Mir zuzugestehen, was ich kann und was ich auch nicht kann, benötigt Mut. Es bedeutet, dass ich demütig bleiben muss. Je besser ich mich selbst und meine Stärken kenne, desto deutlicher sehe ich auch meine eigenen Schwächen. Und das ist gut so.

Denn ich muss nicht alles können. Im Gegenteil: Ich bin einseitig. Zu meinen Stärken gehört, dass ich schnell arbeiten kann, kreativ und ergebnisorientiert bin und immer wieder neue Ideen habe. Auf der anderen Seite werde ich schnell ungeduldig, mir fehlt häufig der Blick für die Details und ich habe wenig Ausdauer. Ich kann zehn Dinge parallel tun, es fällt mir aber schwer, etwas fertig zu machen.

Zu wissen, was wir können und was wir nicht können, führt dazu, dass wir in Frieden mit dem leben können, was Gott uns gegeben hat. Dadurch macht es uns auch frei von dem, was andere Zeitgenossen von uns denken.

Frei von den Meinungen und Urteilen anderer Menschen zu sein bedeutet jedoch nicht, dass wir niemanden mehr brauchen und als Einzelgänger durchs Leben gehen sollen. Vielmehr können wir durch diese Freiheit erst in echte Gemeinschaft und gegenseitige Ergänzung hineinwachsen.

Ich bin einseitig begabt. Meine Schwächen muss ich aber nicht kaschieren oder aufbessern. Denn sie schaffen Platz für Menschen an meiner Seite, die in sehr vielen Bereichen besser und begabter sind als ich. Durch die Annahme unserer eigenen Persönlichkeit mit unseren Stärken und Schwächen schaffen wir Raum für andere.

Im vorigen Kapitel habe ich gesagt, dass eine der zwei großen Lügen unserer Gesellschaft die ist, dass wir mehr an unseren Schwächen arbeiten sollen als an unseren Stärken. Dass wir stattdessen unseren Fokus auf unsere Stärken statt auf unsere Schwächen richten sollen, bezieht sich allerdings nur auf unsere Fähigkeiten – nicht auf unseren Charakter. Damit wir unseren gottgegebenen Auftrag erfüllen, unsere Berufung leben und unsere Ziele erreichen können, sind beide Dinge entscheidend:

Charakter und Kompetenz.

Zwischen diesen beiden Merkmalen unserer Persönlichkeit muss klar unterschieden werden. Während wir uns im Umgang mit unseren Talenten und Begabungen – unseren Kompetenzen – auf unsere Stärken fokussieren dürfen, müssen wir bei unserem Charakter unser Augenmerk auf unsere Schwächen richten.

Diese Unterscheidung zwischen Kompetenz und Charakter ist zentral. Das Ziel ist, dass wir unsere Talente fördern und ausbauen, während wir unsere negativen Charakterzüge zum Positiven verändern. Hinsichtlich unserer Fähigkeiten müssen wir unsere Stärken stärken, während wir in Bezug auf unseren Charakter unsere Schwächen schwächen müssen.

Durch die Annahme unserer eigenen Persönlichkeit mit unseren Stärken und Schwächen schaffen wir Raum für andere.

Deswegen erfüllt es mich mit tiefer Dankbarkeit, wenn Gott mich durch die körperliche Anstrengung meiner Vorbereitung auf den Muskathlon eine Lektion in Geduld lehrt. Durch meine Vorbereitung auf den Marathon wird nicht nur meine Ausdauer gestärkt, sondern auch mein Charakterzug der Ungeduld geschwächt.

Mut zur Einsamkeit – Mut zur Gemeinschaft

Mit der Perspektive, Raum für Mitmenschen zu schaffen, welche meine eigenen Schwächen durch ihre Stärken ergänzen können, habe ich auch meine Teams von »Der 4te Musketier« und »From Survive to Life« zusammengestellt. Ich habe bewusst nach Menschen gesucht, die zwar ähnliche Charakterzüge und Werte haben wie ich, sich aber bezüglich ihrer Fähigkeiten und Persönlichkeiten von mir und voneinander unterscheiden.

Im ersten Moment wirkte diese Andersartigkeit auch auf mich bedrohlich. Doch in ihr spürte ich ein enormes Potenzial. Mein Freund Simon ist eher sicherheitsbezogen und konsequent, Ben dagegen spontan und gefühlsorientiert. Andi ist ein Fels in der Brandung. Wenn wir alle unsere Fähigkeiten und Persönlichkeiten in einem gemeinsamen Auftrag vereinen, sind wir ein unschlagbares Team.

Ein Team besteht aus Individuen: Ein starkes Wir besteht aus unterschiedlichen Ichs. Aus diesem Grund beschäftigen wir uns bei den Trainings von »From Survive to Life« sowohl mit dem Mut zur Einsamkeit als auch mit dem Mut zur Gemeinschaft. Beide Aspekte sind wichtig.

Mut zur Einsamkeit trainieren wir mit den Teilnehmern, indem wir ihnen den Auftrag erteilen, alleine und außer Sichtweite der anderen die Nacht in einer Outdoor-Hängematte zu verbringen. Ganz allein eine Nacht im Dunkeln verbringen zu müssen offenbart uns in der Regel sehr schnell, wie wichtig es ist, mit sich selbst klarzukommen, sich den eigenen Herausforderungen zu stellen und seinem Weg treu zu sein.

Der Zusammenhalt des Teams wird hingegen gestärkt, indem gemeinsam Hindernisse in der Wildnis überwunden werden: Indem sich die Teilnehmer gegenseitig über hohe Felswände und tosende Wasserfälle hinweg abzuseilen, mit verbundenen Augen durch unwegsames Gelände geführt werden und aufeinander angewiesen sind, wird das notwendige Vertrauen zueinander gefördert und der Mut gestärkt, sich für die Gemeinschaft einzusetzen.

Wie viel Freude es bereiten kann, sich in ein Team zu investieren, erlebte auch Marc. Seine Gruppe hatte den Auftrag, einem Flusslauf zu folgen, ohne das Flussbett zu verlassen. Da der Fluss sich ins Tal hinabschlängelte und an manchen Stellen an Felsen und unüberwindbaren Steinblöcken vorbeifloss, musste die Gruppe den Wasserlauf mehrmals überqueren.

Anfänglich verfolgte Marc einzig das Ziel, die Aufgabe trockenen Fußes zu meistern. Während seine Kollegen immer wieder ihre Schuhe ausziehen mussten, um den Bach zu überqueren, baute Marc aus Baumstämmen Holzbrücken, über die er balancieren konnte, oder er schwang sich mit einem langen, stabilen Stock wie ein Hochspringer über das Wasser.

Als sich an einer Stelle die verschiedenen Bachläufe jedoch zu einer großen Stromschnelle sammelten, wurde Marcs egoistisches Ziel schließlich vereitelt. Hier bestand selbst für ihn keine Chance, mit trockenen Füßen auf die andere Seite zu gelangen. Widerwillig zog er seine Schuhe aus, um sie ans gegenüberliegende Ufer zu werfen.

Wildnis pur –
in Grönland findet man Einsamkeit,
ist aber besser im Team unterwegs
(Foto: Marcel Hager)

Zu seinem Pech glitt ihm jedoch einer seiner Schuhe aus der Hand und landete mitten in der Strömung. Ohne nachzudenken, sprang er ins Wasser, um seinen Schuh zu retten.

Doch nun, da er ohnehin bereits vollkommen nass war, konnte er plötzlich seinen Fokus ändern und richtete seinen Blick auf das Team. Er entschied sich, jeden Einzelnen seiner Gruppe auf seinen Schultern über den Flusslauf zu tragen, damit diese das andere Ufer mit trockenen Socken und Schuhen erreichen konnten.

Als wir am Abend gemeinsam die Erlebnisse des Tages auswerteten, war Marc die Freude ins Gesicht geschrieben. Am Ende hatte es ihm viel mehr Freude bereitet, sich für seine Gruppe zu investieren, als seine egoistischen Ziele zu verfolgen.

Mutig geben

Kommen wir zurück zu der Geschichte von der Witwe und dem Ölkrug. Als Elisa gehört hatte, was die Frau sich von ihm wünschte, forderte er sie zu einem mutigen Schritt auf:

> »Geh und leih dir von deinen Freunden und Nachbarn so viele leere Krüge wie möglich. Dann geh mit deinen Söhnen in dein Haus und schließ die Tür hinter euch. Gieß das Öl in die Gefäße und stell sie beiseite, wenn sie voll sind.« Sie tat, was er ihr befohlen hatte. Ihre Söhne brachten ihr leere Gefäße, und sie füllte eines nach dem anderen.
>
> 2. Könige 4,3-5

Zunächst forderte Elisa die Frau auf, ihr eigenes Potenzial zu erkennen und die eigenen Fähigkeiten wahrzunehmen. Danach beauftragte er sie, mit dem Krug Öl andere Gefäße zu füllen. Kaum hatte die Frau also erkannt, was sie hatte, bekam sie die Anweisung, ihr Öl in andere Krüge zu leeren.

Die Ernte kommt nie vor dem Säen. Wenn wir Resultate sehen wollen, müssen wir zuerst etwas dafür hergeben. Der Sämann nimmt die Saat und wirft sie weg. Er glaubt daran, dass aus den Samen Pflanzen wachsen, auch wenn er es nicht wissen kann. Es braucht Mut, das wegzugeben, was man hat, denn es ist jedes Mal eine Investition ohne Garantie.

Eine Frau zu lieben, die mich bedingungslos annimmt und mir großen Respekt und große Bewunderung entgegenbringt, ist nicht weiter schwer. Es ist auch einfach, ein Kind zu erziehen, das nie Schwierigkeiten macht. In Aktien oder Obligation zu investieren, die todsichere Rendite erzeugen, erfordert keinen Mut.

Doch Situationen wie diese treffen wir in unserem Leben nur sehr selten an. Wesentlich öfter werden wir mit Umständen konfrontiert, in denen wir keinerlei Sicherheit haben, erfolgreich zu sein. Unser Öl in andere Krüge zu leeren, unsere Samenkörner auszusäen, unsere Fähigkeiten und Talente zu verschenken erfordert deshalb eine gehörige Portion Mut.

Es ist riskant.

Einige der Männer, denen ich begegnet bin, kennen ihren Wert und wissen um ihre Begabung und ihre Berufung. Dennoch behalten sie ihr Öl für sich, weil sie mit den Gedanken an die damit verbundenen Risiken kämpfen:

Was, wenn nichts zurückkommt?
Was, wenn ich investiere und dann nichts mehr habe?
Was, wenn es nicht genügt?
Was, wenn es verlorene Zeit ist?
Was, wenn es niemand will?
Was, wenn …

Auch ich fühle mich manchmal unsicher. Immer wieder zweifle ich zum Beispiel an meinem Alter. Ich habe in meinem Leben viele Dinge ziemlich früh gemacht. Als ich fünfzehn Jahre alt war, kam ich mit meiner späteren Frau zusammen. Mit dreiundzwanzig schloss ich eine Seelsorge-Ausbildung ab, und mit fünfundzwanzig leitete ich bereits eine stetig wachsende Kirche. Sechs Jahre darauf machte ich mich als Coach selbstständig und schrieb mein erstes Buch über Persönlichkeitsentwicklung und Zielorientierung, »Sehnsucht, Mut und Stärke«. Doch manchmal frage ich mich, ob andere Menschen nicht denken könnten, dass ich noch viel zu jung sei, um etwas zu diesen Themen sagen zu können. Manchmal denke ich auch selbst, ich sei noch zu jung und unerfahren.

Fragen wie diese beschäftigen mich meist in Situationen, in denen ich mehr investiere, als ich ernte. Dann spüre ich einen starken Druck auf mir lasten, mit dem Erfolg meines Unternehmens für meine Familie und die Familien meiner Angestellten verantwortlich zu sein. Wenn ich keine Früchte sehe, benötige ich deshalb immer wieder unglaublichen Mut, um zu säen. Ich frage mich dann oft, ob ich das Richtige tue.

Mutig zu sein wird erst dann möglich, wenn wir uns in Gottes Sicherheit begeben und ihm vertrauen.

Doch mutig zu sein wird erst dann möglich, wenn wir uns in Gottes Sicherheit begeben und ihm vertrauen, dass das, was wir haben, genau das ist, was wir auf unserem Weg benötigen. Wir müssen glauben, dass wir genügen und dass das, was wir haben, ausreicht. Unter Gottes Schutz können wir echt, ehrlich und mutig sein. Gott lässt uns nicht im Stich.

Elisa forderte die Witwe des Prophetenschülers auf, die Türe hinter sich zu schließen und das Öl in die geliehenen Gefäße zu füllen. Ich bin mir sicher, dass es diese Frau einiges gekostet hat, das Einzige, was sie besaß, in fremde Krüge zu gießen. Doch während sie das Öl ausgoss, geschah das Wunder, auf das sie gewartet hatte: Das Öl vermehrte sich.

Ihre Angst, das Öl würde nicht genügen, wurde durch ihren Mut und ihre Risikobereitschaft in Euphorie und Staunen verwandelt. Denn obwohl sie mit ihrem Öl Gefäß um Gefäß füllte, wurde der Krug der Witwe nicht leer.

Auf den ersten Blick erscheint es uns oft, als ob unsere Bemühungen und mutigen Schritte lediglich eine Verschwendung von Zeit und Ressourcen wären, wenn nicht sofort ein »Return on invest« sichtbar wird. Deshalb versuchen wir häufig, Abkürzungen zu finden. Auch ich liebe es, wenn ich Ergebnisse sofort sehe. Gerade erst bestellt und schon erhalten – wie im Fast-Food-Restaurant oder per Knopfdruck im Internet – gefällt mir immer noch am besten.

Bei John Ortberg habe ich einmal den folgenden Satz gelesen: »Das, was Gott in uns tut, während wir warten, ist genauso wichtig wie das, worauf wir warten.«

Als ich während einer schwierigen Situation wieder einmal entmutigt war, weil alles so langsam vorwärtsging, ermahnte mich ein Freund mit den folgenden Worten: »Fokussiere dich nicht auf die Früchte, sondern auf die Wurzel. Was gesund ist, wächst so oder so.«

Wenn sich Krüge mit Öl füllen

> Aber Segen soll über den kommen, der seine ganze Hoffnung auf den Herrn setzt und ihm vollkommen vertraut. Dieser Mann ist wie ein Baum, der am Ufer gepflanzt ist. Seine Wurzeln sind tief im Bachbett verankert: Selbst in glühender Hitze und monatelanger Trockenheit bleiben seine Blätter grün. Jahr für Jahr trägt er reichlich Frucht.
>
> Jeremia 17,7-8

Ein Baum ist ein Sinnbild für einen Mann. Ein Baum symbolisiert Stärke und Leben, Wachstum und Größe, aber auch Verletzlichkeit.

Er ist sämtlichen Naturgewalten und Jahreszeiten ausgeliefert, verliert Blätter und manchmal auch Äste. Bäume können sich den unterschiedlichsten und schwierigsten Bedingungen anpassen und trotzen Wind und Wetter.

Was man an einem Baum von außen sieht, sind seine Gestalt und seine Früchte. Das Wesentliche bleibt jedoch verborgen: seine Wurzeln. Dabei sind es die Wurzeln eines Baums, die über seine Größe, Stärke und Frucht entscheiden. Bei vielen Bäumen ist die gesamte Masse der Wurzeln beinahe ebenso groß wie das, was über der Erde zu sehen ist.

Der Glaube eines Mannes ist wie die Wurzeln eines Baums. Er ist zwar verborgen, aber letztlich ausschlaggebend dafür, ob das Potenzial eines Mannes sichtbar wird und die Stärken und Fähigkeiten aufblühen, die in seinem Inneren schlummern.

Unsere Wurzeln sind gesund, wenn wir ein ganzheitliches »Ja« zu uns und unserer Persönlichkeit haben. Unser Potenzial wird unabhängig von unseren äußeren Umständen und Bedingungen wachsen und reichlich Früchte bringen, wenn es sich mit lebendigem Wasser vollsaugen kann.

Die Witwe des Prophetenschülers vertraute Elisa und seinem göttlichen Rat. Sie glaubte, dass ihr Krug mit Öl ausreichen würde, um aus ihrer schwierigen Situation herauszukommen. Sie erlebte, was Gott tut, wenn wir mutig das geben, was wir haben: Er vermehrt es:

> Bald waren alle Behälter bis zum Rand gefüllt. »Bring mir noch einen Krug«, sagte sie zu einem ihrer Söhne. »Es sind keine mehr da!«, antwortete er. Und in diesem Augenblick versiegte das Öl. Als sie hinkam und dem Mann Gottes erzählte, was geschehen war, sagte er zu ihr: »Nun verkauf das Öl und bezahl eure Schulden, und es wird noch genug für dich und deine Söhne zum Leben übrig bleiben.«
>
> 2. Könige 4,6-7

Der aus dem Öl gewonnene Ertrag reichte schließlich nicht nur aus, um die Schulden der Frau zu begleichen und ihre Kinder vor der Sklaverei zu bewahren, er genügte auch, um ihre ganze Familie zu ernähren.

Wenn wir uns verletzlich machen, unser Potenzial verschenken und uns in andere investieren, wird sich das in Form von Leben auszahlen. Nicht nur die Leben der Menschen um uns herum werden bereichert werden, auch unser eigenes Leben wird an Freude und Fülle zunehmen. Das Geheimnis liegt im Vertrauen auf Gott und dem, was er uns gegeben hat.

12. CHARAKTER ENTWICKELN

Unsere Begabungen und Fähigkeiten wurden uns zur Geburt von Gott geschenkt. An unserem Potenzial können wir nichts ändern. Wir können es lediglich entdecken, zur Entfaltung bringen und stärken.

Unser Charakter hingegen muss kultiviert, geschliffen und geläutert werden. Er entscheidet darüber, wie wir uns verhalten, was wir denken und aus welcher Einstellung heraus wir handeln.

Ein Mann wird geboren, um Verantwortung zu übernehmen und sich und seine Fähigkeiten zu investieren. Der Charakter eines Mannes offenbart sich deutlich, wenn er an Einfluss und Macht gewinnt und eine Position mit Verantwortung innehat. Herrscher von Königreichen, Gemeindeleiter, Manager von Organisationen, CEOs, Präsidenten und Familienväter – ohne integren Charakter richten sie alle die ihnen anvertraute Sache zugrunde, um sich zu bereichern und ihren Selbstwert zu finden. Sie machen andere klein, um sich selbst groß zu fühlen. Männer mit Integrität hingegen richten ihren Fokus auf das Wohl und die Entfaltung der anderen.

Albert Einstein sagte: »Versuch nicht, ein Mann des Erfolgs zu werden, sondern versuche, ein Mann von Wert zu werden.« Sei ein Mann mit Werten. Mach es zu deiner Aufgabe, den Himmel auf die Erde zu bringen, deine Mitmenschen zu segnen und durch deine Fähigkeiten andere zu beschenken. Wir sind Diener unserer Begabungen. Unsere

Talente sind nicht dazu da, uns ins Rampenlicht zu stellen. Charakter bedeutet, seine Fähigkeiten für etwas Größeres als sich selbst einzusetzen.

Ein Sprichwort aus den Sprüchen ermahnt uns: »Vor allem aber behüte dein Herz, denn dein Herz beeinflusst dein ganzes Leben« (Sprüche 4,23). In einer anderen Übersetzung (HFA) heißt es: »Achte auf deine Gedanken und Gefühle, denn sie beeinflussen dein ganzes Leben!«

Mehr als alles behüte dein Herz! Warum ist das so wichtig? Weil unsere Gedanken und Gefühle unsere Taten beeinflussen und weil unsere Taten letztlich über Leben und Tod entscheiden.

In schwierigen und herausfordernden Zeiten zeigt sich unser wahrer Charakter. Und das ist notwendig, damit wir ihn verändern können. Denn erst, wenn unser Charakter offenkundig wird, können wir an ihm arbeiten.

Aus diesem Grund befördern wir die Männer, die an unseren Charakterwochenenden teilnehmen, bewusst aus ihrer Komfortzone. Wir tanzen mit ihnen sozusagen am Rande des Vulkans. Wir bringen die Männer an ihr Limit, damit ihr Charakter offenbar wird, ganz nach dem Motto: »Wenn man drückt, kommt das raus, was drin ist.«

Es kann an unseren Wochenenden daher durchaus vorkommen, dass der eine oder andere mit unschönen Wörtern um sich wirft oder einfach davonmarschiert. Diese Spannung müssen wir als Leiter aushalten können. Denn am Ende sind es genau diese Männer, die am meisten von der Zeit in der Wildnis profitieren, denn durch ihr Verhalten wurden die dahinter verborgenen Glaubenssätze und Gedanken vom Unterbewusstsein ins Bewusstsein gerückt.

Da war zum Beispiel ein Mann im fortgeschrittenen Alter und von eher korpulenter Körperstatur. Nach einem langen Tag, den er selbst als »Tag ohne Ende« beschrieb, war er an die Grenzen seiner körperlichen Kräfte gekommen. Er war völlig ausgelaugt, verfroren und zitterte am ganzen Körper. Seine Kleider waren nass und er konnte seine Schuhe nicht mehr richtig zuschnüren. Er wollte nur noch schlafen und seinen müden Beinen Ruhe gönnen.

Doch wir hatten unser Tagesziel noch nicht erreicht. Es galt, noch einen Gipfel zu besteigen. Für diese Aufgabe hatten wir den Teilnehmern sogar noch eine zusätzliche Last zum Tragen gegeben. Mühsam schleppte sich unser erschöpfter Teilnehmer mit der Zusatz-Bürde weit hinter allen anderen den Hang hinauf. Fluchend beschimpfte er uns als Sklaventreiber. »Das hat nichts mehr mit Glauben und Christentum zu tun«, schnauzte er uns an. Aber er gab nicht auf. Er kämpfte einen inneren Kampf, der nun durch sein Verhalten zum Vorschein kam.

Als der Mann am Ende des Wochenendes beim Abschlussgottesdienst, an welchem ein Mann nach dem anderen seine Geschichte über Begegnungen mit Gott und die erlebten Veränderungen erzählte, aufstand und uns an seinem Prozess teilhaben ließ, war er völlig begeistert. Seit Langem hatte er Gott nicht mehr so stark erlebt. Er fühlte sich wieder lebendig, befreit und voller Freude. An jenem endlos scheinenden Tag hatte er sich bewusst entschieden, Gott nachzufolgen, egal was kommen würde. Sein Wille, sich auf die Größe Gottes statt auf seine äußeren Umstände zu fokussieren, war herausgefordert worden. Der Wille, an einer Sache dranzubleiben, nicht aufzugeben, etwas durchzuziehen und darauf zu vertrauen, dass Gott für ihn sorgte.

Dein Wille entscheidet

In unseren Trainings draußen in der Wildnis orientieren wir uns anhand der Survival-Pyramide: An der Spitze steht die Ausrüstung, darunter kommen Fähigkeiten und Wissen, und die Grundlage bildet der Überlebenswille. Der Schlüssel, um in einer Notlage zu überleben, sind nicht in erster Linie die Ausrüstungsgegenstände oder die Fähigkeiten, die wir mitbringen, sondern die eigene Einstellung. Gutes

Material und Erfahrung sind zwar wertvoll, aber wenn es hart auf hart kommt, ist der Wille zum Überleben entscheidend. Ist dieser Wille verloren, ist alles andere nutzlos.

Unser Wille ist ausschlaggebend für die Entwicklung unseres Charakters. Nicht nur, wenn es ums nackte Überleben geht, sondern auch und vor allem in Alltagssituationen, denen wir uns als Mann stellen und in denen wir Verantwortung übernehmen sollen.

Um in unsere Berufung hineinzuwachsen, müssen wir uns zwar auf unsere Fähigkeiten fokussieren. Doch ob, wie und für was wir unsere Talente einsetzen, ist letztlich eine Willensfrage.

Unser Wille ist das größte Geschenk, das Gott uns gegeben hat. Gott gab den ersten Menschen die Möglichkeit, sich für oder gegen ihn zu entscheiden. Denn wahre Liebe basiert auf Freiwilligkeit. Sie ist nicht einfach plötzlich da. Wahre Liebe ist kein Gefühl, gegen das wir machtlos wären. Sie ist eine Entscheidung, der Gefühle folgen. Eine Entscheidung, sich an jemanden zu verschenken.

Wir haben die Wahl. Wir können »Ja« oder »Nein« sagen. Unsere Handlungen sind nicht willkürlich. Doch wir müssen wissen, was wir können und wollen, damit wir unsere Fähigkeiten und Begabungen zum Wohl anderer einsetzen können.

Leider beweisen zu viele Männer keinen guten Charakter, wenn es hart auf hart kommt. Wenn eine Ehe aus dem Ruder läuft, sich der Erfolg nicht schnell genug einstellt oder die Finanzen knapp werden, erliegen einige von uns der Versuchung, eine Abkürzung zu nehmen: Wir nehmen uns eine andere Frau – in Echt oder auf dem Bildschirm –, steigen in nicht ganz legale Geschäfte ein oder machen Schulden, von denen wir nicht wissen, ob wir sie zurückzahlen können.

Unser Wille ist das größte Geschenk, das Gott uns gegeben hat.

Männer sind kreativ, wenn es darum geht, Herausforderungen aus dem Weg zu gehen, die Charakterzüge wie Geduld, Treue, Ausdauer, Disziplin und Durchhaltevermögen verlangen. Solche Tugenden erfordern einen starken Willen. Sich der Herausforderung zu stellen ist eine Entscheidung gegen den einfachen Weg, gegen kurzfristigen Erfolg, schnelles Geld oder Befriedigung. Wenn wir uns für den einfachen Weg entscheiden, denken wir nur kurzfristig, weil wir die Konsequenzen und die daraus entstehenden Probleme nicht einkalkulieren. Sich für das Gute und Göttliche einzusetzen und Charakter zu beweisen, hat seinen Preis. Wenn wir es jedoch nicht tun, kostet uns das ein Vielfaches mehr.

Wir sind zu Männern berufen, die ihre Ehe, ihre Kinder, ihre Firma, ihren Arbeitsplatz, ihre Kirche und ihre Beziehungen retten und weiterentwickeln. Wir sollen Männer sein, die ihre Fähigkeiten einsetzen, um Neues zu erschaffen, kreativ zu sein und das Leben dort zu verbessern, wohin Gott sie durch ihre eigenen Leidenschaften ruft – sei das in der Kunst oder der Musik, durch Entwicklung oder Forschung, durch Führung oder Begleitung.

Der Sprung über die heilige Lücke

Im letzten Jahr gingen wir mit zahlreichen guten und aufrichtigen Männern wortwörtlich und im übertragenen Sinne durch Sturm und Regen. Diese Männer trotzten den Naturgewalten. Ihr Charakter wurde gefordert, gescheiterte Träume und Visionen, zerbrochene Pläne, Resignation und Unglaube kamen zum Vorschein, und dennoch entschieden sich viele dieser Männer zum ersten Mal oder neu, ihrer Berufung zu folgen. Sie fanden den Mut, ihre Träume zu verwirklichen und neue Schritte zu wagen. Häufig taten sie das, obwohl ihnen bewusst war, dass ihr Unterfangen praktisch unmöglich erschien, dass die Hürden groß und der Berg hoch war. Eine Ehe kann nicht in wenigen Tagen wiederhergestellt werden, Finanzen werden nicht durch einige Wochen Sparen aufgebessert und ein falsches Gottesbild nicht über Nacht abgelegt.

Zwischen unserer Berufung und dem Erreichen unserer Ziele liegt ein großer Graben. Wir nennen ihn bei »Der 4te Musketier« den *godly gap* – die heilige Lücke. Es erfordert einen starken Charakter, darauf zu vertrauen, dass wir unser Ziel erreichen, auch wenn die Umstände einer riesigen Lücke gleichen. Es ist notwendig, dass wir in Lebenslagen, in denen wir mit unserem Latein am Ende sind, Großes erwarten.

Unserer Berufung zu folgen erfordert Charakter. Denn das Problem unserer Berufung ist, dass uns die Aufgabe, die uns von Gott anvertraut wurde, oft unmöglich erscheint. Gottes Aufträge sind uns aber immer eine Schuhnummer zu groß. Sie fordern von uns volle Hingabe und den Glauben, dass Gott uns hilft.

Denn unsere Aufgaben müssen uns zu groß erscheinen. Wären sie klein, könnten wir sie alleine bewältigen. Denn noch wichtiger, als unsere eigenen Fähigkeiten zu schätzen und einzusetzen, ist, dass wir Gott ganz vertrauen. Gott möchte, dass wir unseren Willen seinem Willen unterordnen, dass wir sagen können: »Dein Wille geschehe.«

Diese Worte aufrichtig zu beten wird möglich, wenn wir den Charakter Gottes begreifen. Es ist notwendig zu erkennen, dass er uns liebt, dass er für uns ist, gute Gedanken über unser Leben hat und seine Ziele nicht diametral dem entgegengesetzt stehen, was er an Potenzial und Fähigkeiten in uns hineingelegt hat.

Unsere Aufgaben müssen uns zu groß erscheinen. Wären sie klein, könnten wir sie alleine bewältigen.

Unseren Willen Gottes Willen unterzuordnen bedeutet häufig, dass wir unsere Ängste, Zweifel, Sorgen und Begierden der Wahrheit unterwerfen. So beschreibt es auch David in den Psalmen. Beeindruckend weist er seine Seele in bedrängenden und aussichtslosen Situationen in die Schranken:

> Was betrübst du dich, meine Seele, und bist so unruhig in mir? Harre auf Gott; denn ich werde ihm noch danken, dass er meines Angesichts Hilfe und mein Gott ist.
>
> Psalm 42,6 (LUT)

Auch Paulus ermahnt uns, unsere Seele dem Geist unterzuordnen:

> Dann werdet ihr auch nicht tun, wozu eure sündigen Neigungen euch drängen. (...) Wenn dagegen der Heilige Geist unser Leben beherrscht, wird er ganz andere Frucht in uns wachsen lassen: Liebe, Freude, Frieden, Geduld, Freundlichkeit, Güte, Treue, Sanftmut und Selbstbeherrschung.
>
> Galater 5,16.22-23

Unser Charakter wird gestärkt, wenn wir unseren Fokus auf Jesus richten, ganz egal, wie stark es auch in unserem Leben stürmt. Wenn wir unseren Blick auf ihn richten, werden wir wie Petrus fähig, auf dem Wasser zu gehen. Die Entscheidung, aus dem Boot zu steigen und unsere Aufmerksamkeit nicht auf unsere äußeren Umstände zu richten, zeugt von Charakter.

Mit Geschäftsmännern
auf Kanutour in Schweden
(Foto: Marcel Hager)

Fünf wichtige Schritte auf dem Weg zu einem göttlichen Charakter

Unsere Berufung verliert ihren Sinn, wenn wir unsere Fähigkeiten und Talente nicht mehr einsetzen, um zu dienen, sondern um unsere Position zu verbessern. Doch der Prozess von einem zum anderen läuft oft schleichend ab. Meistens geschieht es dann, wenn sich Angst oder Unsicherheit in unserem Leben ausbreiten und wir unseren Fokus von Gott abwenden. Schritt für Schritt wird unser Glauben durch negative Gedanken verdrängt. Diese Entwicklung ist uns oft nicht einmal bewusst.

Gott hat in mich eine große Leidenschaft gelegt, Menschen in ihre Berufung zu führen und ihre Talente zu fördern. Deshalb hatten wir uns als Familie eines Tages entschieden, dass ich meinen Job als Pastor mit regelmäßigem Einkommen aufgebe, um mich selbstständig zu machen. Ich gründete die Coaching-Firma »From Survive to Life« sowie den Verein »Der 4te Musketier Schweiz«. Beide Unternehmen verfolgen den Zweck, Menschen zu fördern, zu stärken und sie in ihrer Persönlichkeitsentwicklung zu unterstützen.

Die Idee ist gut, das Ziel ist edel. Dennoch fordert es mich immer wieder heraus, meinen Blickwinkel nicht auf Sorgen, finanzielle Engpässe oder den Zweifel an meinen Fähigkeiten zu richten. Denn wenn ich das tue, ändert sich meine Herzenshaltung. Anstatt mich in Menschen zu investieren, weil ich ihr Wachstum im Blick habe, benutze ich andere für das »Wachstum« meiner Finanzen, um dadurch meinen scheinbaren Untergang zu verhindern. Die Angst, es würde für mich und meine Familie nicht ausreichen, führt dazu, dass ich mich um mich selber drehe. Statt zu dienen, nehme ich.

Doch die Angst und die daraus resultierenden Handlungen machen mich zu einem Verlierer. Ich verliere gute Beziehungen, und ich verliere die Freude an dem, was ich tue. Es ist eine Abwärtsspirale: Erfolgreichere Mitmenschen mutieren zu Konkurrenten, der Freundeskreis zu einem Netzwerk und Aufgaben zu Geldquellen.

In Situationen wie diesen brauche ich gute Freunde, die den Mut aufbringen, mich nicht zu bemitleiden, sondern mich zu konfrontieren. Als mir die Sorgen eines Tages wieder einmal meinen Geist vernebelten und ich nicht weiterwusste, habe ich mich zurückgezogen, bin in die Natur gegangen, habe mich auf eine Bank gesetzt und in die Ferne geblickt. Nach einiger Zeit habe ich einen Freund von mir angerufen und ihm mein Leid geklagt. Ganz im Gegensatz zu meinen Erwartungen sagte er nicht viel. Ich erhielt von ihm auch keinen Ratschlag, was ich tun sollte. Er erklärte mir lediglich, dass ich mir König Joschafat zum Vorbild nehmen und seine Geschichte im zweiten Buch der Chroniken nachlesen sollte.

Joschafat wird in der Bibel als ein König beschrieben, der sich für das Wohl des Landes einsetzte. Er reinigte Israel vom Götzendienst und führte das Volk zurück zu Gott. Doch dann folgte ein Furcht einflößender Angriff: Eine große Anzahl Krieger marschierten gegen Israel und versetzten Volk und König in Angst und Schrecken. War das die Belohnung für seine Taten? Doch Joschafat gab seiner Angst nicht die Möglichkeit, seine Gedanken zu verwirren und ihn und sein Land zu zerstören. Er suchte die Gegenwart Gottes und rief die Menschen zum Fasten auf.

Schließlich versammelte er das Volk und sprach ein kämpferisches Gebet, in welchem er die folgenden Schritte ging, die seinen Fokus und die Gedanken des Volkes zurück auf Gott lenkten:

1. Fokussieren

> Herr, Gott unserer Vorfahren, du bist der Gott, der im Himmel wohnt. Du bist Herr über alle Reiche auf Erden. Du bist groß und mächtig; keiner kann dir standhalten!
>
> 2. Chronik 20,6

Joschafat machte sich bewusst, wer Gott ist. Er pries Gottes Größe und Macht. Joschafat überzeugte seine Seele, indem er seinen Geist an der Wahrheit ausrichtete. Er proklamierte Wahrheiten, während seine Gefühle gegen seine Situation rebellierten. Joschafat traf eine Entscheidung, der sich seine Gefühle unterzuordnen hatten. Er richtete seine Augen weg von seinen Problemen und Sorgen und hin zu Gott.

Wer und wie ist Gott?

2. Erinnern

Unser Gott, hast du nicht die Einwohner dieses Landes vor deinem Volk der Israeliten vertrieben? Und hast du dieses Land nicht für immer den Nachkommen deines Freundes Abraham geschenkt?

2. Chronik 20,7

Joschafat erinnerte Gott an das, was er ihm verheißen hatte. Vielmehr noch erinnerte er jedoch sich selbst daran. Indem er das göttliche Versprechen laut aussprach, erinnerte er seinen Verstand an das, was kommen würde. Deswegen sagt auch Paulus, der Mensch lebe im Glauben und nicht im Schauen (2. Korinther 5,7).

Was hat Gott für dein Leben verheißen?

3. Klagen

Nun sieh, was die Heere aus Ammon, Moab und vom Gebirge Seïr tun. Du hast unseren Vorfahren verboten, in diese Länder einzudringen, als sie Ägypten verließen, deshalb sind sie ihnen ausgewichen und haben sie nicht verwüstet. Nun sieh, wie sie es uns vergelten! Denn sie sind gekommen, um uns aus unserem Land, das du uns als Erbe gegeben hast, zu vertreiben.

2. Chronik 20,10-11

Joschafat klagte. Er hatte den Mut, seine Enttäuschung und Unzufriedenheit kundzutun, und zwar bei Gott persönlich. Er verstand nicht, warum er in diese Situation geraten musste, und deponierte seine Sorgen bei Gott. Er beschuldigte Gott, stritt mit ihm und ließ gehörig Dampf ab.

Klagen hat mit Transparenz und Ehrlichkeit zu tun. Es ist eine Form der Zustimmung zu den eigenen Gefühlen. Wir klagen, weil es schmerzt und wir es nicht verstehen. Wir müssen unsere negativen Gefühle nicht einfach unter den Teppich kehren, um zu zeigen, dass wir stark sind. Im Gegenteil: Wir offenbaren unsere Wunden, machen uns verletzlich und zeigen Schwäche.

Für einen Mann ist echte Klage eines der schwersten Dinge, die er tun kann. Denn er liefert sich dadurch Gott aus und gibt sich ihm ganz hin. Aber das ist notwendig.

Was macht dir Angst und bereitet dir Schmerzen?

4. Loslassen

> Wir können nichts gegen dieses riesige Heer ausrichten, das uns angreifen will. Wir wissen nicht, was wir tun sollen, aber unsere Augen sind ganz auf dich gerichtet.
>
> 2. Chronik 20,12

Joschafat war hilflos, doch er resignierte nicht. Er wusste keinen Ausweg. Die Not war zu groß. Doch er richtete seine Augen auf Gott. Er übergab ihm seine Situation voll und ganz.

Joschafat ließ los. Er gab die Kontrolle ab und machte sich nackt und hilflos – ein sehr unangenehmes Gefühl für uns Männer, die gerne die Zügel in den Händen halten.

Wie kannst du loslassen und hilfsbedürftig deine Not in Gottes Hände übergeben?

5. Danken

> König Joschafat verbeugte sich tief, und alle Menschen aus dem Gebiet von Juda und aus Jerusalem taten es ihm nach und beteten den Herrn an.
>
> 2. Chronik 20,18

König Joschafat dankte Gott für etwas, das er noch nicht sah. Er nahm eine dankbare Haltung ein und kreierte damit ein Gedankengebäude der Hoffnung. Dankbarkeit steckt an. Sie verändert uns, unsere Mitmenschen und unsere Umstände.

Indem wir unsere Dankbarkeit trainieren, projizieren wir Zukünftiges in die Realität.

Wie steht es um deine Dankbarkeit?

Gott gewinnen lassen

Während ich auf der Bank saß und las, wie Joschafat auf den Knien mit Gott rang, ihm sein Leid klagte, ihm dankte und von Gott ermutigt wurde, sprang mir plötzlich dieser kraftvolle Vers ins Auge:

> (...) verhaltet euch still und seht, wie der Herr siegt.
>
> 2. Chronik 20,17

Dieser Vers traf mich mitten ins Herz. Es war, als spräche Gott selbst zu mir: »Halte einfach mal inne. Sei still. Hör für einen Moment auf, alle möglichen Hebel in Bewegung zu setzen. Sieh zu, wie ich dir den Sieg bringe.«

Die Aufforderung, nicht zu kämpfen, sondern einfach zuzusehen, wie Gott siegt, öffnete meine Augen. Sie befreite mich davon, immer weiter in meinem Hamsterrad zu rennen. Ich war mit neuer Hoffnung, Zuversicht und Dankbarkeit erfüllt. Es sind nicht die Siege oder die erreichten Ziele, die unsere Herzen füllen. Es ist unser Wille, uns auf Gott zu fokussieren, ihm zu vertrauen und ihm zu danken!

Wir haben es in der Hand: Wir können unsere Aufmerksamkeit auf die Schattenseiten des Lebens richten, auf Ärgernisse, Stress und Sorgen. Oder wir können unseren Blick für das Gute schulen, das uns widerfährt.

Dankbarkeit fördert die Zufriedenheit sowie das psychische und körperliche Wohlbefinden. Dankbarkeit lässt das Gute in unserem Leben noch größer werden. Undankbarkeit hingegen nimmt uns das, was wir bereits haben, und entwertet es.

Wohin wir unseren Fokus richten, ist ein Willensakt. Es ist eine Frage des Charakters. Und es hat Folgen.

Joschafat wies sein Heer an, Gott zu vertrauen, dass sie siegreich sein würden. Er ließ Sänger dem Heer vorangehen, die Gott mit Liedern anbeteten: »Dankt dem Herrn; denn seine Gnade bleibt ewig bestehen!« (2. Chronik 20,21). Als Joschafats Männer zu ihrem Aussichtspunkt in der Wüste gelangten, um nach den gegnerischen Truppen Ausschau zu halten, sahen sie nur noch Leichen auf dem Boden liegen: Die angreifenden Armeen hatten gegeneinander gekämpft. Keiner der Feinde hatte überlebt.

Dankbarkeit lässt das Gute in unserem Leben noch größer werden.

Gott wendete das Blatt. Aus einer Gefahr wurde ein großer Segen für Joschafats Volk. Drei Tage brauchten sie, um die ganze Ausbeute an Waffen, Kleidung und wertvollen Gegenständen einzusammeln. Sie feierten einen großen Sieg.

13. EISEN SCHÄRFT EISEN: VOM WERT ECHTER FREUNDSCHAFTEN

Eisen schärft Eisen, ebenso schärft ein Mann einen anderen.
Sprüche 27,17

Während eines Charakterwochenendes von »Der 4te Musketier« im Tessin führte uns unsere Route entlang der Via del Fero: eine historische Eisenstraße südöstlich von Bellinzona. Sie wurde in früheren Zeiten als Handelsroute und während den Kriegsjahren als Schmuggler- und Flüchtlingspfad genutzt. Der imposante Weg über das Gebirge verbindet die ehemaligen Eisenindustrien des Tessiner Morobbia-Tales mit den Eisenwerken im südlicher gelegenen Cavargna auf italienischem Boden. Der Abstieg über die Eisenstraße entlang von Felsbändern und steilen Abhängen endet bei einer alten Ruine, die von vergangenem Eisenabbau zeugt.

Abschlussgottesdienst in den Ruinen des Maglio
(Foto: Marcel Hager)

Stolz auf die zahlreichen zurückgelegten Kilometer und die gemeisterten Herausforderungen der vergangenen drei Tage standen die Männer in den alten Gemäuern und lauschten erschöpft, aber zufrieden der letzten Andacht des Charakterwochenendes. Zwischen den Überresten eines Hochofens und einer Hammerschmiede erklärte ich ihnen, wie im Hochofen das Roheisen durch extrem hohe Temperaturen aus dem Eisenerz geschmolzen wurde, in der Hammerschmiede bearbeitet und schließlich zu Rohlingen geschlagen wurde.

Ich nahm ein Stück Restgestein aus einem geschmolzenen Eisenerz in die Hände, hielt es in die Höhe und sagte: »Wie dieser Stein seid ihr durch Hitze geläutert worden. Drei Tage lang hat Gott euer Herz, euren Charakter, euren Willen und euren Glauben durch Schweiß, Kämpfe und Naturgewalten gereinigt. Das Erz wurde vom Stein gelöst. Wertvolles kam zum Vorschein, unbrauchbarer Ballast blieb am Wegrand liegen. Doch die Reise endet nicht hier! Sie geht weiter. Die Rohlinge unserer Herzen müssen bearbeitet werden. Wir brauchen Männer an unserer Seite, die dieser Hammerschmiede gleichen: die in unser Leben sprechen, uns korrigieren, aber auch ermutigen. Männer, die mit uns die Reise machen und unseren Lebensweg teilen!«

Selbstständig ist besser als unabhängig

Männer dürfen unfertig sein. Doch sie sollen nicht alleine sein. Gott sagte schon zu Beginn der Schöpfung, dass es nicht gut sei, wenn der Mann alleine ist (1. Mose 2,18).

Männer denken oft, sie müssen alles alleine können. Wir werten es als Schwäche, Hilfe in Anspruch zu nehmen und jemanden um Rat zu fragen. Mich kostet es zum Beispiel unglaublich viel Überwindung, jemanden nach dem richtigen Weg zu fragen, wenn ich in einer mir unbekannten Region unterwegs bin. Lieber laufe ich im Kreis oder fahre mit dem Auto im Zickzack durch ein Dorf, als zuzugeben, meinen Zielort nicht auf Anhieb finden zu können. Noch schwerer fällt uns Männern aber das Fragen nach dem Weg, wenn es um unsere innere Landkarte geht.

Einzelgespräche in unserem Coachingprogramm werden sehr viel seltener von Männern als von Frauen nachgefragt. Frauen fühlen sich nicht klein oder schwach, wenn sie Hilfe in Anspruch nehmen. Ihnen fällt es leichter, über ihre Gefühle zu sprechen, und sie fragen andere gerne um ihre Meinung. Sie lieben es, sich auszutauschen und zu kommunizieren.

Ein Mann bittet oft erst um Hilfe, wenn er am Boden liegt oder kurz davor ist, eine schmerzhafte Niederlage einstecken zu müssen.

Unterstützung suchen wir meistens erst dann, wenn die Ehefrau bereits über alle Berge ist und die Kinder weggezogen sind, wenn die Firma Konkurs gemacht hat und sich der Verein aufgelöst hat.

So viele Männer wollen es unbedingt alleine schaffen. Entweder glauben sie, dass sie es alleine schaffen können, oder sie fürchten, sie wären schwach, wenn sie es nicht alleine schaffen.

Welch ein Irrglaube!

Selbstständigkeit ist nicht dasselbe wie Unabhängigkeit.

Männer streben nach Selbstständigkeit. Wir möchten auf eigenen Beinen stehen und selber entscheiden können, wohin unser Weg uns führt. Und das ist auch gut so. Selbstständig zu sein, selbst zu denken und eigenverantwortlich zu leben ist ein Teil des Wesens eines selbstbewussten Mannes. Er weiß, wer er ist und was er kann. Er übernimmt Verantwortung für sein eigenes Leben.

Doch Selbstständigkeit ist nicht dasselbe wie Unabhängigkeit. Es ist wichtig, dass wir uns als Männer bewusst sind, dass wir einseitig begabt, ergänzungsbedürftig und ein Teil eines großen Ganzen sind.

Wir sind voneinander abhängig. Als Gemeinschaftswesen geschaffen, sind wir aufeinander angewiesen, um unsere Lebensaufgaben zu erfüllen und uns persönlich weiterzuentwickeln. Wir benötigen andere Sichtweisen, Lebenserfahrungen, Ermutigung und Kritik.

Doch zu viele Männer leben lieber unabhängig statt selbstständig. Sie sind lieber einsam, statt in einer erfüllenden Abhängigkeit zu leben.

Unabhängigkeit isoliert. Sie hindert uns daran, unser volles Potenzial an Ergänzung und Gemeinschaft zu nutzen. Nur wenige Männer leben verbindliche Freundschaften und teilen ihr Herz, ihre Sorgen und Freuden mit anderen.

Neben dem Irrglauben, wir müssten alles alleine schaffen, bergen auch Positionen und Aufgaben die Gefahr der Einsamkeit. Je größer der Einfluss und die Macht werden, die uns anvertraut sind, desto dünner wird die Luft zum Atmen. Einsamkeit ist für Männer in Führungspositionen und leitenden Rollen ein bekannter Begleiter. Man macht sich unabhängig, regiert alleine, entscheidet alleine. Und schließlich ist man allein.

Zu meinem 30. Geburtstag erhielt ich von einem Freund eine Karte mit der Aufschrift »King Marcel«. Diese Karte bestätigte einen Gedanken, der schon länger in mir schlummerte und langsam wie ein Wein im Eichenfass gereift war: Es war an der Zeit, mein eigener König zu werden. Ich wollte den Wein kosten, meine eigenen Visionen umsetzen und anwenden, was ich gelernt hatte. Doch ich sollte die dünne Luft erst noch atmen, in der ein König lebt. Ich würde den Unterschied zwischen Unabhängigkeit und Selbstständigkeit lernen müssen.

Eine Geschichte von zwei Königen

Saul und David waren beide Könige von Israel. Gott hatte sowohl Saul als auch David berufen und vom Propheten Samuel zum König salben lassen. Beide hatten die nötigen Fähigkeiten, um König zu sein. Über beide kam der Geist Gottes und schenkte ihnen ein neues Herz. Beide waren stark, mutig, glaubten an Gott und folgten ihm nach. Sie machten auch beide Fehler, waren ungehorsam und hatten mit Lastern zu kämpfen.

Weshalb landete jedoch Saul am Ende seines Lebens bei einer Hexe und stürzte sich in den Tod, während David der größte König Israels wurde?

Saul war allein.

Saul hatte keine Freunde. Er war nicht von Gefährten umgeben wie David. Die Geschichte von Saul ist die Geschichte eines einsamen Mannes. Saul trug seine Kämpfe mit sich selber aus. Er fällte alle Entscheidungen allein und versuchte, mit seinen Niederlagen, Sorgen und Verfehlungen selbst klarzukommen. Schließlich hörte er nicht einmal mehr auf den Propheten Samuel. Stattdessen ließ er sich von Angst leiten, dem Volk nicht zu gefallen (1. Samuel 15,24).

Sein Ansehen in der Öffentlichkeit und der Wunsch, den Schein zu wahren, hatten auf Saul den größeren Einfluss als seine Wegbegleiter. Hätte er auf Samuel gehört, hätten sich seine Taten nach dem Willen Gottes gerichtet. Doch seine Einsamkeit wurde sein Grab.

David dagegen hatte Freunde. Das war der große Unterschied zwischen ihm und Saul. Zu Davids engen Gefährten zählten seine Frau Michal und der Prophet Samuel. Zudem verband ihn mit Jonathan, dem Sohn Sauls, eine tiefe Freundschaft.

Als David nach dem Sieg über die Philister mit dem abgetrennten Kopf Goliats in der Hand Saul begegnete, nahm der König den jungen David am Königshof auf. David genoss eine Ausbildung und wurde durch militärische Erfolge zu einem Volkshelden. Jonathan, der Sohn Sauls, fühlte sich mit David tief verbunden und schloss einen Freundschaftsbund mit David, von dem die Bibel sagt, dass er Jonathan so viel wert war wie sein eigenes Leben (1. Samuel 18,3).

Saul wusste, dass die königliche Herrschaft ihm und seiner Familie entrissen werden sollte. Eifersüchtig wachte er daher über seinen Thron, bis er sogar bereit war, jeden potenziellen Nachfolger zu töten. Der Hass des Königs auf David wuchs, je länger dieser am Hof wohnte. Doch als David um sein Leben zu fürchten begann, fand er Halt bei Jonathan.

Die Freundschaft zwischen David und Jonathan war echt und stark. Obwohl Jonathan als Kronprinz der eigentliche Thronfolger gewesen wäre und David sein ärgster Konkurrent war, akzeptierte er, dass David von Gott zum König gesalbt worden war, und unterstützte ihn. Jonathans Haltung zu David bezeugte seine Liebe zu seinem Freund.

Schließlich musste David fliehen und sich über Jahre hinweg in der Wüste verstecken, um am Leben zu bleiben. Als er hörte, dass

Saul und Jonathan gefallen waren und seine Flucht endlich ein Ende hatte, weinte er um seinen Bruder Jonathan: »Wie habe ich dich geliebt. Und wie glücklich machte mich deine Liebe, glücklicher als die Liebe der Frauen« (2. Samuel 1,26).

Später revanchierte sich David, indem er Jonathans Sohn an den Königshof holte. Anstatt ihn umzubringen, segnete er den gelähmten Mefi-Boschet und nahm ihn in seine Familie auf (2. Samuel 9).

Während seiner Zeit in der Wüste, in den Jahren der Verzweiflung und Verwirrung, hatte David eine Person, die ihm Halt gab. Er hatte einen Freund, der ihn nicht vergessen ließ, dass Gott Liebe ist. Diese Freundschaft zu Jonathan war der entscheidende Unterschied zwischen David und Saul.

Freundschaft macht einen Unterschied

Wir müssen unser Leben nicht alleine bewältigen. Es ist sogar besser, wenn wir es nicht alleine meistern. Wir brauchen Freunde, die mit uns die Kämpfe in unserem Leben durchstehen und an unserer Seite bleiben, wenn es schwierig wird. Wir benötigen Männer, die uns Rat geben, Dinge in unserem Leben hinterfragen und mit uns Leid und Freude teilen.

Abenteuer und Herausforderungen lassen sich gemeinsam besser überwinden als alleine. Fehltritte verlieren ihre Kraft, wenn sie ans Licht kommen. Gemeinsames Gebet heilt. Ermutigungen bauen auf, und Anerkennung stärkt uns. Männer brauchen andere Männer. Wir sind aufeinander angewiesen.

Häufig ist die Sicht auf unser eigenes Leben getrübt, weil uns der nötige Abstand fehlt. Wir können oft nicht klar unterscheiden, was richtig und was falsch, was Wahrheit und was Einbildung ist. Deshalb ist es oft heilsam, unser Herz, unsere Sorgen und Kämpfe einem Freund zu offenbaren, um das eigene Leben durch die Augen eines Freundes zu betrachten.

Deshalb sandte auch Jesus seine Jünger jeweils zu zweit aus (Markus 6,7). Er wusste um die Kraft der Gemeinschaft. Die Jünger trieben zu zweit Geister aus und heilten Aussätzige.

Das mag sich für uns vielleicht zunächst sehr biblisch oder fremd anhören. Doch genau das geschieht in unserem Leben, wenn wir füreinander da sind und uns gegenseitig in unsere Leben hineinsprechen dürfen: Unsere seltsamen Gedanken werden entwaffnet und die Läuse in unseren Köpfen mutieren nicht zu Feuer speienden Drachen.

Ich gehe regelmäßig mit meinem Freund und Nachbarn Raphael joggen. Während wir durch die Wälder laufen, sprechen wir über die Arbeit, unsere Pläne und Visionen, aber auch über unsere Ehen, unseren Charakter und unser Verhalten. Manch ein Lauf endet mit Buße und Gebet. Indem wir uns gegenseitig immer wieder Rechenschaft ablegen, fällt es uns leichter, unser eigenes Fehlverhalten zu korrigieren.

Ein afrikanisches Sprichwort sagt: »Wenn du schnell gehen willst, dann gehe alleine. Wenn du weit gehen willst, dann musst du mit anderen zusammen gehen.«

Egal, welche Verantwortung wir in unserem Leben haben: Wenn wir in unserer Aufgabe erfolgreich sein wollen, können wir keinen einsamen Sprint absolvieren – wir müssen einen gemeinsamen Weg gehen.

Wenn wir in unserer Aufgabe erfolgreich sein wollen, können wir keinen einsamen Sprint absolvieren – wir müssen einen gemeinsamen Weg gehen.

Meinen drei engsten Freunden verdanke ich sehr viel. Wir arbeiten nicht nur zusammen, sondern teilen unser gesamtes Leben. Ich habe ihnen die Erlaubnis gegeben – ich habe sie sogar ausdrücklich darum gebeten –, mich zu konfrontieren, wenn ich als Leiter, Freund, Ehemann oder Vater eine falsche Richtung einschlage, zu kurzfristig denke oder zu schnelle Entscheidungen fälle. Wir haben uns gegenseitig dazu verpflichtet,

Unser Team v.r.n.l.:
Andi, Simon, Ben und ich
(Foto: Gregor Meier)

ehrlich zu sein und uns unsere Gedanken und Gefühle zu offenbaren – sofern wir sie wahrnehmen.

Obwohl wir zusammen arbeiten, nehmen wir uns neben all unseren Aufgaben und Projekten immer wieder bewusst Zeit, um Spaß zu haben und gemeinsam etwas zu erleben. Wir gehen klettern, biken, slacklinen und unternehmen Dinge, die Jungs einfach gerne tun und die uns zusammenschweißen.

Letzte Woche erst beschlossen wir, uns zwischen zwei Meetings den Dorfbach vorzuknöpfen. Mitten im Winter stiegen wir durch eine kleine Schlucht im Dorfwald und rannten durch das kalte Wasser. Wir kletterten kleine Wasserfälle hinauf und balancierten über Baumstämme. Wir lachten schadenfroh und herzhaft, wenn einer von uns stolperte und im Wasser landete. Am Ende machten wir ein Feuer, brieten Stockbrot und Würste und tauschten uns über unsere persönlichen Herausforderungen aus. Am Nachmittag saßen wir wieder im Büro.

Unser nächstes Ziel ist es, in naher Zukunft das Matterhorn zu besteigen – als Symbol dafür, dass wir in der sichtbaren wie in der unsichtbaren Welt gemeinsam Berge besteigen.

Gemeinsam sind wir stärker. Freunde sind nicht nur die Summe einzelner Persönlichkeiten, sie sind eine Multiplikation. Die Bibel sagt: Einer schlägt Tausend, zwei aber schlagen Zehntausend.

> Zwei haben es besser als einer allein: Zusammen erhalten sie mehr Lohn für ihre Mühe. Wenn sie hinfallen, kann einer dem anderen aufhelfen. Doch wie schlecht ist der dran, der allein ist und fällt, und keiner ist da, der ihm beim Aufstehen hilft! Es können sich zwei, die in einer kalten Nacht unter einer Decke liegen, aneinander wärmen. Doch wie kann einer, der alleine liegt, warm werden? Ein Einzelner kann leicht von hinten angegriffen und niedergeschlagen werden; zwei, die zusammenhalten, wehren den Überfall ab.
>
> Prediger 4,9-12

Wem kannst du ein guter Freund sein?

Freundschaft kann man nämlich nicht einfordern. Eine Freundschaft bietet man an. Freundschaften entstehen meist erst dann, wenn wir bereit sind, selbst mutig ein Freund zu sein, uns zu verschenken und uns in andere zu investieren.

Männer brauchen Vorbilder und Mentoren

Das Eisen eines Mannes wird auch durch Vorbilder geschärft. Wir brauchen deshalb nicht nur Freunde, sondern auch Vorbilder und Mentoren. Von Männern, die weiter sind als wir, die Kämpfe durchgestanden, Hindernisse überwunden und sich durch Höhen und Tiefen bewährt haben, die uns erst noch bevorstehen, können wir viel lernen. Wenn wir uns verschenken und uns in andere Menschen investieren wollen, ist es wichtig, dass wir in unserem engen Umfeld Menschen haben, die uns inspirieren.

Es gibt drei wesentliche Punkte, weshalb wir Vorbilder benötigen:

- Erstens können sie für uns eine Inspiration sein, wenn wir Fragen haben oder Entscheidungen fällen müssen.
- Zweitens können sie uns zeigen, dass etwas möglich ist, was in unseren Gedanken bisher unmöglich schien.
- Drittens sind Vorbilder eine Ermutigung, neue Wege zu gehen, etwas anderes zu tun, nicht der Norm zu entsprechen und sich treu zu bleiben.

Als Gott den Menschen beauftragte, über den Garten zu herrschen, ihn zu bebauen, weiterzuentwickeln und zu verschönern, gab er ihnen sowohl die Autorität als auch die Fertigkeit dazu. Um diese große Aufgabe zu erfüllen, müssen unsere Fähigkeiten aber zuerst entwickelt, unser Charakter gestärkt und unser Vertrauen erweitert werden. Denn damit wir Wachstum bringen können, müssen wir selber wachsen und uns entwickeln. Und das geschieht, wenn wir von Vorbildern lernen und ihren Fußspuren folgen.

In der Geschichte der Menschheit gab es viele Männer, die mutig vorausgingen. Neil Armstrong setzte als erster Mensch einen Fuß auf den Mond. Sir Edmund Hillary und Tenzing Norgay bezwangen als erste Menschen den Mount Everest, und John McDouall Stuart gelang es als erstem Europäer, einen Weg durch die über 3000 Kilometer lange australische Wüste von Adelaide im Süden bis Chambers Bay an der Nordküste zu finden. Viele Männer haben mit dem Tod bezahlt, um unbekannte Wege oder ein neues Land zu entdecken.

Diese Helden, Pioniere und Vorbilder riskierten aber nicht nur ihr Leben und bewiesen Ausdauer, Mut und Charakterstärke, sondern sie öffneten auch neue Horizonte. Männer und Frauen folgten ihrem Beispiel, weil sie sahen, dass möglich war, was zuvor unmöglich schien. Toni Kurz und seine drei Freunde starben zum Beispiel beim Versuch, die Eigernordwand als erste Menschen zu besteigen, doch dank ihrer Pionierarbeit gibt es heute mehr als dreißig verschiedene Routen an der Eigernordwand. Für Spitzenalpinisten ist es inzwischen möglich, die Eigernordwand in einer Zeit von weniger als drei Stunden zu besteigen.

Jeder Mensch spiegelt nur einen Bruchteil von Gottes Wesen wider.

Hohe Ziele fordern selbstverständlich auch von den Nachfolgenden einiges an Fleiß, Schweiß und Mut. Nicht alle sind auf ihrer Reise erfolgreich. Doch Vorbilder haben dem Vorhaben den Schein des Unmöglichen genommen. Sie haben den Bann gebrochen und Türen geöffnet.

Nur die wenigsten Teilnehmer unserer Coachingtouren würden alleine die Insel von Amassalik in Grönland durchqueren. Doch mit dem Wissen, dass wir als Guides schon einmal dort waren und uns in dieser Umgebung auskennen, wird die Herausforderung für sie realistisch und bewältigbar.

Das Prinzip des Vorbilds funktioniert auch bei unseren Fähigkeiten, unserem Charakter und unserem Glauben. Deshalb ist es von großer Bedeutung, dass wir von verschiedenen Menschen lernen. Wir müssen uns Männer und Frauen suchen, die ähnliche Ziele verfolgen, diesen aber schon näher sind.

Mein Ziel ist es zum Beispiel, Gottes Stimme besser hören zu können. Ich treffe mich deshalb regelmäßig mit einem Freund, der die prophetische Gabe und die Gabe der Geistesunterscheidung kultiviert hat. Ich gehe auch selber ins Coaching. Nicht nur, um mich besser zu reflektieren, sondern auch, um von den Fähigkeiten meines Coaches zu lernen. Um mich inspirieren zu lassen, lese ich zudem sehr viele Bücher, Biografien und Geschichten von Pionieren.

So wichtig es ist, voneinander zu lernen, müssen wir dabei aber auch achtsam sein. Kein Mensch ist perfekt. Niemand ist ein ideales Vorbild. Jeder Mensch spiegelt nur einen Bruchteil von Gottes Wesen wider. Wir befinden uns alle noch auf einem Weg. Deshalb dürfen wir auch bei unseren Vorbildern jederzeit – wie es Paulus den Thessalonichern riet – das Gute nehmen und das Schlechte verwerfen (1. Thessalonicher 5,21).

4M-Event unter dem Motto: Erreiche das Ziel (Foto: Tobias Hitzfeld)

Unser Verhalten prägt unsere Umgebung. Letztlich sind wir daher alle Vorbilder. Es stellt sich nur die Frage, welche Vorbilder wir sind.

Jesus selbst ist das einzige wirkliche Vorbild. Damit er uns ein Vorbild werden konnte, ist er ein Mensch geworden und hat uns vorgelebt, wie man auf der Erde ein Leben der Hingabe und Liebe leben kann. Er fordert uns auf, ihm nachzufolgen. Wir sind Männer nach dem Bild Gottes. Unsere Aufgabe besteht darin, ihm immer ähnlicher zu werden. Ihm nachzufolgen bedeutet, geliebt und befähigt zu werden, um anschließend andere zu lieben und zu befähigen.

14. EIN TRAUM VON FEUER

Die vergangenen Sommerferien verbrachte ich mit meiner Familie am Atlantik. Die Westküste Frankreichs mit ihren hohen Dünen, dem rauen Meer und den kilometerlangen Pinienwäldern zieht uns immer wieder in ihren Bann. Der endlose Sandstrand bietet Tausende Spielmöglichkeiten für die Kinder, und das Meer ist perfekt, um mit dem Surfboard auf den Wellen zu reiten.

Dieses Jahr verbrachten wir drei Wochen in einem Hauszelt auf dem schönen »Camping de la Côte d'Argent«. Ich liebe es, einfach einmal Zeit für mich, meine Frau und meine Kinder zu haben. Gleichzeitig sind Ferien auch eine Zeit, in der meine Ohren und Gedanken frei und offen für Gottes Stimme sind.

Eines Morgens, als wir gemütlich auf unseren Campingstühlen saßen und frühstückten, stieg uns ein markanter Duft in die Nase. Es war aber nicht das Aroma von frischem Baguette, sondern der Geruch von Rauch. Irgendwo brannte ein Feuer.

»Merkwürdig«, dachte ich. Ich stand auf, um den möglichen Brandherd ausfindig zu machen. Der Campingplatz befand sich immerhin mitten in einem Pinienwald – es war nicht auszudenken, was wäre, wenn er in Flammen aufginge. Ich war nicht der Einzige, der sich

Sorgen machte. Auch die anderen Gäste des Campingplatzes schauten sich fragend um. Nach einiger Zeit wurde Rauch sichtbar und breitete sich wie ein Teppich über das Gelände aus. Nur ein Feuer war nicht in Sicht.

Die Aufregung legte sich allmählich wieder, und wir entschieden uns, einen Ausflug in ein Dorf im Landesinneren zu machen. Es war Sonntag, und meine Frau wollte einen *Brocante* – einen französischen Flohmarkt – besuchen. Sie liebt es, Marktstände mit altem Plunder nach Schätzen zu durchforsten. Deshalb fuhren wir mit dem Auto dreißig Kilometer zum nächsten *Brocante*. Auf der ganzen Wegstrecke lag derselbe Geruch von Rauch in der Luft. Doch auch auf unserer Fahrt konnten wir nirgendwo ein Feuer sehen.

Als ich am nächsten Morgen in dem kleinen Laden am Strand die Zeitung durchblätterte, stieß ich auf einen Artikel, der darüber berichtete, dass in der Nähe von Bordeaux – also achtzig Kilometer entfernt von uns – mehrere Hundert Hektar Wald gebrannt hatten. Der Umstand, dass wir einen so weit entfernten Brand mit unserem Geruchssinn derart stark wahrgenommen hatten, dass wir glaubten, er sei direkt um die Ecke, wurde für mich auf einmal zu einem Bild, das auch auf uns Männer zutraf.

Erweckte Männer mit entzündeten Herzen gleichen einem Waldbrand. Sie sind wild und stark. Sie stecken an, geben weiter, sind nicht aufzuhalten, und ihr Segen verbreitet sich. Andere können ihre Taten schon aus der Ferne riechen, und ihr positiver Einfluss verbreitet sich wie Rauch mit dem Wind. Gottes Geist multipliziert und trägt den Segen dieser Männer in alle Himmelsrichtungen.

Was wird sich ereignen, wenn Männer ihre falschen Lebensstile und Strategien aufgeben, alte, ausgediente und nutzlose Feigenblätter ablegen und das Fell der Gnade anziehen? Was kann passieren, wenn Männer in ihre Identität hineinwachsen, ihre Fähigkeiten entdecken und ihrer Berufung folgen? Was wäre möglich, wenn Männer den Mut aufbringen, nackt, unrasiert und echt aus ihren Verstecken zu kommen? Wenn sie eine Begegnung mit ihrem wahren Vater riskieren und alle Lügen, Süchte und Minderwertigkeitsgefühle am Fuße des Kreuzes ablegen? Was wird geschehen, wenn die Herzen der Männer neu entzündet werden?

Wenn Männer lebendig werden, sich angenommen fühlen, sich respektiert wissen, Verantwortung übernehmen, sich verschenken und ihre Talente und Leidenschaften für eine Vermehrung wahren Lebens einsetzen, dann gleichen sie Bäumen, die brennen.

Mein Wunsch ist, dass Männer zu Bäumen werden, die einen Flächenbrand verursachen, ohne zu verbrennen. Bäume, die wissen, wo sie ihre Kraft hernehmen, weil ihre Wurzeln tief im Glauben verankert sind. Ihr Wuchs ist stark, ihr Charakter geschliffen und ihr Potenzial entfaltet. Sie wissen um ihre Einzigartigkeit und blühen in der gegenseitigen Abhängigkeit anderer Bäume und im Schutz eines Waldes auf.

Das ist mein Traum und meine Vision für dein Leben als Mann:

Du bist geliebt, du bist gesegnet und du bist beauftragt.
In dieser Reihenfolge.
Sei echt, mutig und stark.
Ein Mann, unrasiert.

Campfeuer
(Foto: David Beyeler)